UCHIFAN
Consideration of the fantasy world

うちのファンタジー世界の考察 おかわり

著：小林裕也

新紀元社

Contents
目次

- はじめに ……… 2
- 幻想生物〈動植物系〉……… 3
  - キリン ……… 5
  - 絶滅肉食獣 ……… 6
  - フェンリル ……… 7
  - グリプトドン ……… 8
  - カメ ……… 9
  - コウモリ ……… 10
  - ペンギン ……… 11
  - 青い鳥 ……… 12
  - 風鳥 ……… 13
  - フェニックス ……… 14
  - サンダーバード ……… 15
  - バチビウス ……… 16
  - 無顎類 ……… 17
  - サメ ……… 18
  - クジラ ……… 19
  - 寒鰤屋爆発！……… 20
  - サラマンダー ……… 21
  - 蟲（タコ）……… 22
  - ミミック ……… 23
  - ヴィーナス〈植物モンスター〉……… 24
- 幻想生物〈亜人系〉……… 25
  - ブラウニー ……… 27
  - オーガー ……… 28
  - マーノイド再考 ……… 29
  - マーノイド文化考① ……… 30
  - マーノイド文化考② ……… 31
  - レピノイド ……… 32
  - レピノイドの逆襲 ……… 33
  - ラミア ……… 34
- 幻想生物〈ドラゴン系〉……… 35
  - インテセプテロス ……… 37
  - 高高度ワイバーン ……… 38
  - 高機動ワイバーン ……… 39
  - ファンドリングワイバーン ……… 40
  - ナイトワイバーン ……… 41
  - 戦闘ワイバーン ……… 42
  - ワイバーンライダー ……… 43
  - ワイバーンの里① ……… 44
  - ワイバーンの里② ……… 45
  - ドラゴンスレイヤーズ ……… 46
  - ドラゴン ……… 47
  - ガイアドラゴン ……… 48
  - テンペストドラゴン ……… 49
  - ドラゴンvsメカドラゴン ……… 50
- 自然 ……… 51
  - 風 ……… 53
  - 雲 ……… 54
  - 湖 ……… 55
  - 海の滝 ……… 56
  - 森① ……… 57
  - 森② ……… 58
  - スカイツリー ……… 59
  - 流星雨 ……… 60
  - 夜空の輝きはすべて星 ……… 61
  - プラネット ……… 62
  - ダイソンボールプラネット ……… 63
  - ウマ① ……… 64
  - ウマ② ……… 65
  - ヒツジ ……… 66
- 文化・生活 ……… 67
  - ファンタな普通の都市 ……… 69
  - キノコ都市 ……… 70
  - 徘徊都市 ……… 71
  - 漂流都市 ……… 72
  - 空中都市 ……… 73
  - トロピカル都市 ……… 74
  - 道 ……… 75
  - 橋 ……… 76
  - 廃墟 ……… 77
  - 水中遺跡 ……… 78
  - 水中ダンジョン ……… 79
  - 野宿 ……… 80
  - 野宿（冬）……… 81
  - 中世の食料事情 ……… 82
  - 肉 ……… 83
  - ディストリビューション ……… 84
  - 中世の日常 ……… 85
  - 本 ……… 86
  - カード ……… 87
  - ゴールド ……… 88
  - 海賊 ……… 89
  - 生贄 ……… 90
  - 戦争 ……… 91
  - 伝染病 ……… 92
- 乗り物 ……… 93
  - 乗り合い馬車 ……… 95
  - あきすに船 ……… 96
  - こりずに船 ……… 97
  - 難破船 ……… 98
  - 幽霊船 ……… 99
  - サンドローバー ……… 100
- ジャパニッシュファンタジー ……… 101
  - ジャパニッシュマイス ……… 103
  - 荒らぶる神 ……… 104
  - ムラ ……… 105
  - 古代日本の食生活① ……… 106
  - 古代日本の食生活② ……… 107
  - ムカデ ……… 108
  - イノシシ ……… 109
  - 概念的農家 ……… 110
- スチームパンク ……… 111
  - スチームパンク ……… 113
  - スチームパンク続き ……… 114
  - スチームロボ ……… 115
  - 歩行自動車 ……… 116
  - オートリッチ ……… 117
  - 蒸気自動車 ……… 118
  - フラッタープレーン ……… 119
  - スカイクローラー ……… 120
  - ダークスチーム① ……… 121
  - ダークスチーム② ……… 122
- スペースオペラ ……… 123
  - スペースオペラ ……… 125
  - 月 ……… 126
  - アステロイド ……… 127
  - ジョー、君はどこに落ちたい？ ……… 128
  - 宇宙海賊 ……… 129
  - それ行けスペースパトロール ……… 130
- アラカルト ……… 131
  - タマゴ ……… 133
  - ミイラ ……… 134
  - ゾンビ ……… 135
  - 因果律魔法 ……… 136
  - 星読み ……… 137
  - ジャックと豆の木 ……… 138
  - ラプンツェル ……… 139
  - マッチ売りの少女 ……… 140
  - 白雪姫 ……… 141
  - ダンジョンにて ……… 142
- あとがき ……… 143

Introduction
はじめに

『うちのファンタジー世界の考察 おかわり』を手に取っていただき、ありがとうございます。

この書籍は『うちのファンタジー世界の考察』、『うちのファンタジー世界の考察＋（プラス）』に続く、シリーズ3冊目となっております。ただ、雑学本という性格上、どの書籍から読んでいただいても、特に問題はありません。もともと「パラパラページをめくって、手が止まったところを読む」という読み方が推奨されているほどですので、前の巻が書店の書棚になかったとしても気になさらず、手に取った書籍をレジに運び、お読みいただけたらと思います。

前作を読まれずに本書を手に取られた方のために、本書の特徴を簡単にまとめさせていただきます。

本書の大きな特徴に、「テーブルトークRPG」を遊ぶことをイメージして考察されているという点があります。「テーブルトークRPG」とは、簡単に言うと『ドラゴンクエスト』（スクウェアエニックス）のようなゲームを、人間同士で遊ぶ遊びです。

そういうわけですから、テーブルトークRPGを楽しまれている皆さんには、本書は特に多くのインスピレーションを与えてくれるでしょう。

もちろん、テーブルトークRPGをご存じない方が楽しめないわけではありません。ファンタジー小説やコミック、映画、ゲームが好きな方なら、非常に興味深く楽しめるはずです。特に自分で物語作りを志している方であれば、より興味深く読み進めることができるでしょう（なにせ、テーブルトークRPG自体が、みんなで物語を作り上げる遊びですし）。

また、雑学全般が好きという方の興味にも、十分応えてくれる内容となっています。

最後にもうひとつだけ注意を。
本書は9つの大きなテーマに分類され、それぞれにまとめられていますが、著者には「ひとつのテーマを深く掘り下げるというより、広く浅く、いろいろなことに興味を移しながら徒然に描いていきたい」という思いがあり、実際、そのように描かれています。

ですので、前から順番に読んでいると、内容が前後していることもあります。また、大きな問題はないとはいえ、前作に掲載された内容の続きとなっているものもあります。

繰り返しになりますが、そうした場合もあわてずに、つれづれなる気分でそのまま読み進めていただくことをお勧めします。そのうえで関連するエピソードが気になる場合は、そのエピソードを探してまたパラパラとページをめくってみてください。そうして探していたものと違うテーマが気になれば、またそこを読み……。

そんな感じで楽しんでいただければ幸いです。

『Role&Roll』編集部

Fantastic Creatures
~Animals & Plants~

幻想生物（動植物系）

　ファンタジーの世界は、不思議な生物に満ちています。
　ここではカメやコウモリといった現実世界にも存在する動物も紹介していますが、そうした動物も「島ほど大きなカメ」ですとか、「人間ほどの大きさのコウモリ」となると、とたんにファンタジー世界の生物となります。
　不思議な生物は、ファンタジー世界の花形といっても過言はありません。そしてそうした想像上の生物に、「どうやってその巨体を維持できているのか？」「他の生物への影響は？」といった理屈が添えられていると、その世界への没入度が変わってきます。

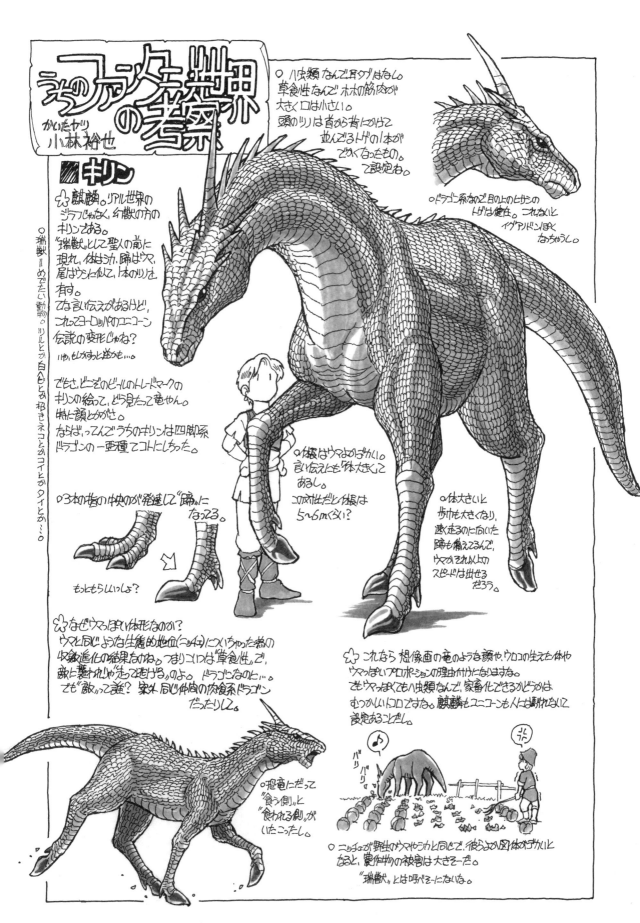

うちのファンタジー世界の考察
かいたヤツ 小林裕也

絶滅肉食獣

★現代じゃ陸上哺乳類で捕食性肉食獣ってと、イヌ科、ネコ科、クマ科、イタチ科など、ほとんどが"食肉目"に属する連中である。
しかし、過去には食肉目以外の肉食獣もいた。ってか、食肉目が出現する前の肉食獣なのね (ティラコスミルスの頃はすでに食肉目は出現してたけど、南米大陸にはいなかった)。
そんな今じゃ見られない連中をいろいろ。

▶アンドリューサルクス。草食性初期有蹄類の中から、彼らを捕食するニッチェとして分化した(らしい)初期肉食哺乳類。アルクトキオン目メソニクス科の一種。
始新世後期(約4000万年前)に現れ、体長は4mもあった。
しかも頭がデカく、1mもあったそうな。
ほとんど直立四足歩行するワニである。

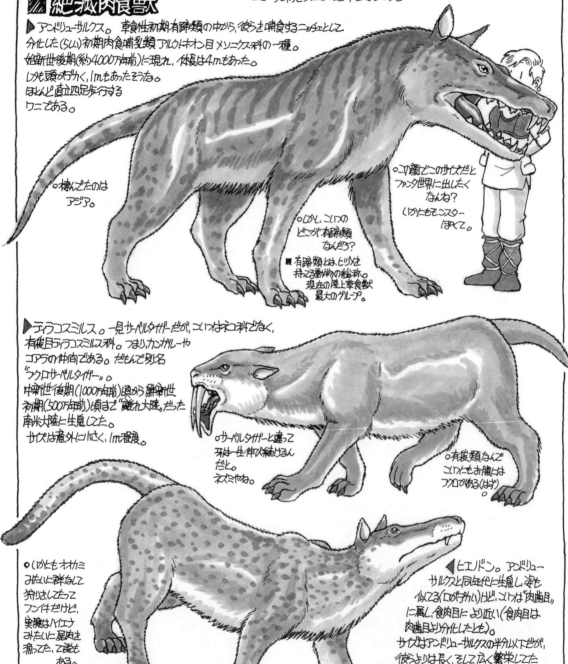

○棲んでたのはアジア。

○この顔でこのサイズだとファンタ世界に出したくなるんね？
いかにもモンスターぽくて。

○しかし、こいつのどこが有蹄類なんだろ？
■有蹄類とは、ヒヅメを持ってる動物の総称。現在の陸上草食獣最大のグループ。

▶ティラコスミルス。一見サーベルタイガーだが、こいつはネコ科でなく、有袋目ティラコスミルス科。つまり、カンガルーやコアラの仲間である。だもんで別名"フクロサーベルタイガー"。
中新世後期(1000万年前)頃から鮮新世初期(500万年前)頃まで"離れ大陸"だった南米大陸に生息してた。
サイズは意外に小さく、1m程度。

○サーベルタイガーと違って牙は一生伸び続けるんだと。
ネズミやね。

○有袋類なんでこいつもお腹にはフクロがある(はず)。

○いかにもオオカミみたいに群れなして狩りをしたってフンイキだけど、
実際はハイエナみたいに屍肉を漁ってた、って説もある。

◀ヒエノドン。アンドリューサルクスと同年代に生息し姿も似てる(ロがデカい)けど、こいつは"肉歯目"に属し、食肉目により近い(食肉目は肉歯目より分化したとも)。
サイズはアンドリューサルクスの半分以下だが、彼らよりは長く、そして広く繁栄した(南米・オーストラリア・南極以外の大陸全部)。

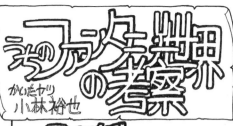
かいたヤツ 小林裕也

■フェンリル (メガロカニス)

☆ 世界の終り（ラグナロク）において封印から解き放たれ、神さえも喰ってしまう巨大オオカミ、フェンリル。でも、同じ食肉目でも犬科はネコ科に比べて小柄なのよ、必然的に。
単独で狩りをするネコ科は体がデカい方が有利だけど、群れで力を合わせて狩りをする犬科はデカくなる必要がないのね。むしろ小さい方が獲った獲物を分配するのに全員に行き渡るし（※ライオンは群れで狩りしてるんだよねぇ…。あれはアフリカのサバンナって獲物の豊富な土地柄から維持できてるんだろう、と思う）。

☆ でちょっと考えてみた。巨大なイヌ科ってのを。
体長4〜5m、体重も400kgくらいありそーな。
ホンモノ(?)のフェンリルじゃなく、そういう品種名なのね（ヒツジ追いかけなくてもシェパードは現代ではシェパードなんだし）。当然ながら神々は食べない。
でもこいつ、野生種なんだろうか？家畜品種なんだろうか？人為的品種改良種なら簡単に作り出せような気もするけど、ファン世界にそこまでコダわることもないわね。
ともかく、うちのファン世界には体長4mを越すオオカミが棲んでるのであった。

○どこぞの世界のイヌガミ様とちゃうぞ。

☆ ファンタジーなお話の中には人を乗せて走るイヌやオオカミがいるけど、実はイヌ科って骨格の構造上、上からの負荷に弱いのね。
ソリや荷車や船を引くのは平気で走れども、背に人を乗せては走れないのな。

○子供の頃、自分よりデカいイヌにまたがったら、簡単にへたっちゃった思い出がある。

☆ でもま、こんなにデカけりゃ人が乗っても大丈夫だろう。パートナーとしても頼りがいありそうだし、抱きしめ心地よさそうだし。でもエサ代がべらぼうにかかりそうだ。

いつかは子供の頃から
おて！

いだだだっ！ふみっ！
おもい おもい！！
こいつ芸は教えない方がいいだろう…。

うちのファンタジー世界の考察
かいたヤツ 小林裕也

グリプトドン（絶滅動物）

☆ 一見、巨大アルマジロだが、グリプトドンはアルマジロじゃない。同じ貧歯目の仲間だけど、グリプトドン科とアルマジロ科は別種なのであった。
約200万年前の更新世に南米に現れたが滅んだのは人類歴史が始まってからで（インディオの伝説にも登場し、化石化してない甲羅や骨も発見されてる）1万年から数千年前だったと云われてる。
そのサイズは4m以上あり、甲羅の厚みは10cm近くあったそうな。
でも何のための甲羅なんでヨ？
南米にいた大型肉食獣といやフクロサーベルタイガーのティラコスミルスだが、彼らはグリプトドンが現れる以前に滅んでるのね。それ以後の肉食獣はパナマ陸橋によって地続きになった北米からやってきたジャガーだけど、4mもの体格ありゃ甲羅なくてもジャガーは襲わないと思うな。それとも、こんなデカいの襲う未発見の肉食獣でもいたんかね？

☆ あ、人間なら襲ったかもな。4mもの巨体だろうが甲羅持ってようが。
フーカクで、ファンタ世界のグリプトドンは以前書いたマクラウケニアよろしく、人間の家畜化してるのであった（てか、乗用グリプトドンって描いてみたくって、後で理屈をコジツケたんのね）。4mよかデカーいだけど。

☆ でも、こいつ家畜化したとして、餌はどーする？貧歯目ってアルマジロもセンザンコウもアリクイも"アリ喰い"じゃん。こんなデカブツ飼育できる量のアリをどーやって調達するよよ？（センザンコウは貧歯目じゃなく、有鱗目、でしたか）
ま動物園のアリクイはアリの代わりにミルクやひき肉やミールワーム与えてるから、こいつも代用餌与えられてんだろう。

衝動的に乗用獣にしちゃったけど、こいつ家畜化する主な目的は、乗用より頑丈な甲羅だよなー。盾とか鎧の材料として（南米インディオたちはオオアルマジロの甲羅を盾にしてたそーだし）。毛皮や肉も利用されるだろな（南米ガウチョたちはアルマジロの肉を食べるそーだし）。
しかし、それでは夢がない（つーか、かねいそーなんぞ）。とりあえずは乗用ってコトにしときますよ。天然の装甲持ってんだから"戦争用騎獣"としても使えそうだし（って、それも生臭いど）。

○白亜紀のアンキロサウルスと更新世のグリプトドン。姿が似てるのは生活環境が同じだったための収斂進化。

おまけのアルマジロ

うちのファンタジー世界の考察

かいたヤツ 小林裕也

■ペンギン

✿なんで現在も生きてるペンギンが絶滅動物扱いなのか？
実はこのペンギンは現生のペンギンじゃないのね。"オオウミガラス"。空を飛ばず、水中に潜って中サカナ獲り、直立してて、黒白の体色の水鳥。
それを"ペンギン"と呼んでたのよ、昔は。学名も"Pinguinus (ピングイヌス)"。ほらペンギンでしょ。

✿"本家ペンギン(北ペンギン)"と"ペンギンモドキ(南ペンギン)"は祖先を全く異とする種。なのに姿形がそっくりなのは、いわゆる"収斂進化"のせい。水中で翼でオールの如くサカナを獲る、て習性のために似た形態になっちゃったのね。
体色が黒白なのも、水中で獲物に発見されにくくするためのカムフラージュ色なのよ。

✿彼らが生息してたのは北大西洋の離れ島。
一般のウミガラスと違って空を飛べない彼らは天敵のいない孤島で繁殖してたのである。
しかし、人は船に乗って繁殖地に出かけてって肉や羽毛、ランプの燃料用の脂肪を得るために乱獲し、1844年彼らはついに地上から姿を消しちゃったのであった（つい最近やん！）。
一方で16C頃より始まった大航海時代により南半球へ航海したヨーロッパ人は、そこに北のペンギンにそっくりな鳥を発見。同じ種類だと思って彼らを"ペンギン"と名付けちゃったのである。
そして"本家ペンギン"が絶滅した後、彼ら"ペンギンモドキ"は正式な"ペンギン"と呼ばれるようになったのである！

✿つまり、何だ、中世ヨーロッパな世界なら、まだ"本家ペンギン"は生きてるワケで、彼らを登場させたって問題ないコト。「どうして北半球にペンギンがおんねん！」ってツッコミにも「これは"北ペンギン"だからこそー」ってウンチク自慢できるんである！
あまりにマニアックすぎて白い目で見られるかもしれんが。

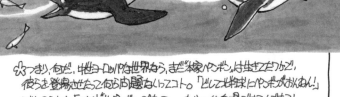

○実は"ペンギンモドキ"も同じ道を辿る寸前だったのね。発見されたのが新しかったおかげで、絶滅前に保護されたわけで。

○一ついでに、ちょっと考えてみたファンタジーペンギン。
"ダイオウペンギン"！！
より水中で活動に適応するため巨大化。クジラのようにタテに大きくなった。体長5m体重2t。
木棒アイバーン同様、とらえにくくなってきてる。繁殖は陸でするため足がいちおう残ってる。たぶんアザラシみたいにのたうって歩くんだろう。
ヒゲクジラみたいにプランクトン食かなって思ったが、そこはドゥカルディクソンのアフターマンでやってるんでパス。

もっとも現生のペンギンたちってサカナを食ってるほうなのか。

かいたヤツ 小林裕也

青い鳥 (モノクロだからグレーだが)

☆ 幸福とは何ぞや？
んなもん、自分がそう思や幸福なのよ。
逆に自分が不幸だと思ってる奴は、どんなに恵まれていようが不幸なんである。
チルチルとミチルは最後に青い鳥を見つけたから幸せになったワケではない。幸福とは何かを悟ったから青い鳥を見つけられたのである。
冒険の途中で捕えた鳥が青くなかったのは、彼らがまだ悟りを開いてなかったからであって、冒険の旅の間も彼らは本当は幸福だった、んじゃないか？目的無くって冒険してて楽しいワケないじゃん。
などと幸福論を語れるほど私は完璧にも哲学にも興味ねーので。そもそも普段チャランポランに生きてて、頭ン中がいつも幸せなヤツが幸福論語るほどの人格ありゃあせんぞ。

☆ ところで"青い鳥"って何？鳥ってこともいろいろいるぞ。
英語のBluebirdは北米生息のコマドリの仲間のコト。
桜田淳子の歌じゃあ、フレーズからするとハトかゴイ。古い！

○フラミンゴの羽は本来は白い。
なのに彼らが赤いのは、エサにしてるカイソウの赤い色素が体内に吸収されて羽に表出してるから（おかげで動物園のフラミンゴは、人工飼料の出ない色が抜けて白くなるため、エビの殻などの赤い色素をエサに混ぜて与えたりしてる。で野生のなど赤くならずピンクだったりする）。
つまり、フラミンゴに青い色素のエサ与えりゃ彼は青くなる！
♪青い鳥、なぜなぜ青い。青い実を食べた〜♪

○青いヴィアドリマ。
いちを動物なので色なんて判んねーからどうとでも解釈できる。
逝きやっ　幸!!
…前に描いたんと同じにアングルやん。

☆ ずっとそばにいるのにねかなか見つけられねーつー"青い鳥"。狩りクエスト達行中のディーボの図。寓意的ねっ

「なぜ青い鳥を捕えると幸せになるんだ？」
「んなコト決まってんじゃない　高く売れるからよ！」
「…夢がねーぞ…！」
「うちら罠にかかったとこにこの捕獲用マスイ玉ぶつけて捕えんの」
「違うっ！それ絶対違うぞっ！！」

未だモンハンやってる作者であった。

うちのファンタジー世界の考察
かいたヤツ 小林裕也

風鳥（かぜどり）

☆ "フウチョウ"ではない。フウチョウは以前にツバメの発展形としての一生を飛び続けるトリとして創ったから。
ファンタ世界での飛行船として"風船（カザフネ）"を創り、その中に詰めるガスを体内で生産する動物として"風魚（スカイフィッシュ）"を創り、それと同様のガスを光合成によって生産してる"スカイツリー"を創った。
で、コイツは、そのガスを体内に蓄えて一生を空中で過ごすトリなのである。

☆ ど―が一生を空中で過ごすトリやねん。木の枝にとまっとるやんけ！――と思われましょうが、彼らが棲んでる木が"スカイツリー"なのである。

○スカイツリー。御都合主義などとは言い難いガス、お光合成で生産して葉ぱに貯め、空中も多いて移動し、種も広範囲にまいて生存戦略を謀る木。

以前に"スカイツリー"を創った際に、成長のための養分を木に棲んでるトリのフンを利用してるのかも、と書いた。
そのトリがこいつなのね。
スカイツリーに棲んでるから餌はスカイツリーの葉っぱ。
"とても軽いガス"を蓄えてる葉を食えば、そのガスは体内に溜まって彼らも翼を使わなくても宙に浮いちゃうのである。

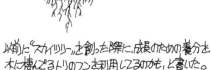

○トリ特有の喉元の気のうが発達して"ガス袋"になってる。もちろん骨（含気骨）の中にも。

○体長は30cmくらい。小さすぎると浮力が足りないだろうし、大きすぎると餌の葉っぱが足りなくなりそうだから。

○棲んでる場所が場所なので天敵がなく、こんな運動性能悪そうな体でも生きていける。ドードーみたいな（滅んだけど）。

☆ フウチョウと違って、こいつには足がある。体重を支えるためじゃなく、ガスの浮力で体が浮いちゃうのを枝にしがみついて固定しておくため。だから指の握りはゴツい。
翼がなくとも落っこちるコトはないが、うっかり木の外へ出ると帰ってこれなくなりそうなので、推進器として小さいながらも翼は持ってる。

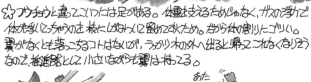

○木の枝の中に（いれば、うっかり枝から離れても他の枝葉に引っかかるけど…

○木の外に出ると翼を使わないと上空に浮いてちゃう。

☆ 巣は普通のトリと同じ（ガスは葉の中だけに蓄えられてるので、小枝で作った巣は浮いちゃうコトはない。

○抱卵時の親鳥は巣の外に足を出して枝にしがみついてる。

☆ 卵、ヒナは木に棲んでる虫を与えられて育つので、まだ体は浮かない。
巣立ちして葉っぱを食べるようになって、ようやく浮力がつくのである。
ヒナや幼鳥の時の死亡率は高そうだ。

――などと、もっともらしい設定作ってるけど、卵をコロコロの体に小さな翼で飛んでるトリの絵を描いてみたかっただけで。

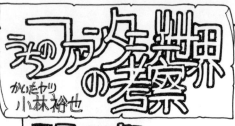

■ バチビウス

☆ 地球の生物はコアセルベートな有機物から発生した、と説がある。だったら、その無生物から生物へ移行する過程の中間に位置する"始原生物"がいたはずじゃね？
——と、生物学者なら誰だもそう考えちゃうのね。
しかし、そんな生物は現在発見されてない。より高レベルな生物が出現した時点で、彼らの餌になっちゃって滅んじゃったと考えられた。
でも、あるいはもしかすると生物層の希薄な深海とかに、今も生き残ってるんじゃね？——と、生物学者は誰でも期待しちゃうとこある。
そんな頃、北大西洋の海底から採取されて送られた標本からゼリー状の物体が発見された。核さえも持たないそれを「これこそ無生物と生物の中間種の始原生物である！」と断定し、"バチビウス"と命名しちゃった生物学者がいたのね。
この説は当時(19c)の生物学界に大論争を巻き起こした。るーた、やだやだ。そいつはアルコール液浸標本を作る際に化学反応で生じる硫酸石灰の沈殿物だと判明し、バチビウスはこの世界から消滅しちった。

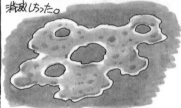

☆ でも、ファンタ世界では"バチビウス"は存在するんである。
始原生物として太古の地球に生まれ、今も生き続けているんである。暗く冷たい海の底深くで、ひっそりと息をひそめながら獲物が訪れるのを虎視眈々と狙っているので ある——って無理でしょ、いくらなんでも。
アメーバよりも原始的な、核すらなければ運動器官もない。ただぜ中にでろーんと横たわって酸素や養分を取り込んでる(いや、酸素さえ取り込んでないかも)連中が他の生物襲うなんてできっこないじゃん。
でもハリウッドじゃそうちゃうだよね。シメリッちた設定付けるのよく用意に活発化、とすれば陸上でも動きまわるモンスターにしちゃうよね、きっと！

☆ ——てな ネタを考えついたんだが、このシリーズすでに"ジェリーモンスター"創っちったしなー。(でもジェリーモンスターはまだアメーバの粘菌レベの設定さで、それなりに活発なモンスターだったけど、こいつは"原生生物"より原始的な"始原生物"だ——。始原生物も実際に見たことないけど、たぶんこうかな見当はメな。
何もできずにぼへーっと、周囲の必須元素取り込んで、それを材料に自己増殖するだけの存在。ケミカルガデンと変わんない。効能どころか本能もDNAさえあったとは思えない (なめるぞ、おまく) 連中がモンスターになれるとは……アメーバにさえ勝てないだろっ！(かかってこないしないだろうけど)

"…青臭みたい"

○ ランドバチビウス。粘菌が陸上で生きられるように、湿った場所なら生きられる程に粘膜が強化され乾燥に強くなったバチビウス。
40億年も生き続けてるんだから、それくらいの進化したってバチは当たらないだろう。

☆ バチビウスに運動能力はないのだが、上の絵はアメーバのように動いてます。
これはライディーの持ってる水光石ランタンの光に、体内の感光物質が反応して引き寄せられてんのよ (無生物でもこういった反応する物質てあんのよ。鉄とかッカルは磁力に引かれるし、破傷風の海毒テタノスピンは電流の流れに逆らって移動ある性質あり)。
てことにしよう。
でも、ちゃってバチビウスに襲われたって、どーってことない。消化能力さえないこいつらはへばりついたど表面のナトリウムなにかに溶けて染み込んでくるのを待ってるだけだから、ただ生理的反応悪いである。それはそれで恐怖かもしれませんが……。

かいたヤツ 小林裕也

○異甲目
アランダスピス。オタマジャクシのような体を斜めにして水底をつついてた、のかも。

○骨甲目
ヘミキクラスピス。口が扁平な体の下にあり、エイのように餌を漁ってた、らしい。

■無顎類

☆無顎類(綱)は地球最初の脊椎動物で、カンブリア紀初期(5億9000万年前)に地球上に現れた脊索動物(ナメクジウオの仲間)よりカンブリア後期(5億2000万年前)に分化した、我々背骨をもってる動物たちの大御先祖様。

その特徴は、口にアゴがなくまるいロがぽっかり開いたまんまなコト。

その口で水底の泥の上を掃除機のように這いずり回って餌を漁っていたんだろう。おそらく。

☆彼らは軟骨でされ背骨も持ってるだけで、それ以外の動物たちより生存価位に立ち、あっという間(かどうかは知らんが)に当時のエコロジーの上位にのしあがった。"頂点"ではない。こいつらが甲らを持ってるのは天敵がいた証であり、おそらくは無脊椎動物の中に彼らを捕食する肉食動物がいたんだろうな。ウミサソリみたいな)。

彼らの繁栄は長くは続かなかった(いや実際は長いんだが、1億年以上繁栄してたんだから)。4億年前のデボン紀初りに現れた、アゴを持つサカナ(軟骨魚綱)のためである。

○軟骨魚綱、ヒボドゥス。
現代のサメの御先祖様ね。

☆獲物に噛みついたり、口を開閉して強制的に水を吸い込める、アゴを持つサカナはアゴは持たないサカナより圧倒的優位に立ち、あっという間(これはかなり)に彼らを海に追いやしまった(直接争わずとも、餌を獲る効率という間接的なものでも"生存競争"は成り立つのである)。

かくして無顎類のほとんどはデボン紀末頃に絶滅しちゃった。

☆ところが、そうした無顎類の中でも、今でもひっそりと生きてるのがいたりする。ヤツメウナギの仲間である。

多量のビタミンAを含む健康食品である。
姿形似てるだけで、ウナギとは無関係。

彼らはアゴのないまるい口を吸盤にして他のサカナに吸いつき、まるい口の周りに並んだ歯で皮フに傷をつけて流れ出す血を餌とする。こんな特殊な摂食方法で生存競争に加わらずに不戦勝で生き残っちゃったのである。

☆―ぜぇ。よくぞ本題だ(前フリこんだけ説明しないと、無顎類のコト理解してもらえないんで)。
吸血魚！もーこじつけだ。ファンタな世界じゃ立派なモンスターよね、"吸血"ってだけで。
1mくらいのヤツメウナギの群れが襲いかかって体に吸いつき、からみつき、みるみる血を吸われてミイラ化しちゃう。絵になりますぜ、ダンナ(いや、ミイラが絵になるんじゃなく、美少女が襲われ巻きつかれてキュウキュウされる(喘える)シーンがね)。
ヒルはモンスター化してるんだから、こいつもモンスターとして出さんかね。名前からしくないなら"バンパイアイール"とでも名付けナ。

○同じ無顎類で大量の粘液を分泌するヌタウナギもモンスターにいいかも。
こっちは襲われるとローションプレイになっちゃって、より萌えっでせ、ダンナ。

(いや、なんとなく…)

うそのファンタジー世界の考察
かいたヤツ 小林裕也

サメ

☆"サカナ"のヒーローだっても、サメは"軟骨魚綱"に属する生物。
つまり、タイやマグロなど硬い骨を持つ"硬骨魚綱"生物が地球上に現れる以前の古い形態の生物なのね。
だからって新参のより進化した硬骨魚たちに淘汰されちゃうほど彼らは弱くない。今でも海中生態系の頂点に君臨してる成功者なのである。
古い生物から構造が原始的なのと思いきや、2億年もの時間的余裕があったせいか、生殖機能などは哺乳類と同様の"胎生"にまで進化してる(卵を胎内で孵化させ、さらに栄養を与え、ある程度育ってから産み落とす。サカナなのに)。
エライんだから。もっとあがめなさい。

○軟骨魚なので輪切りにできる。

|全てのサメじゃない。ネコザメとかは卵生だし。

☆軟骨魚であるサメは内臓を保護する骨がない(つーか軟骨だし)のでエラや腹への攻撃に弱いんだと(イルカはサメ狩りをする際には、そこら集中して頭突きをかますんだと)。
もっとも、その分ヒフが硬く、そう簡単にはやられないらしいが(そりゃそーね。でなきゃ生態系のトップに立てんわな)。
でそんな前フリに関係なく、サメに攻撃してる、珍しくマジっぽいティーゴ。
水中で戦闘する場合、横に振る剣の類は不利だろーな、抵抗大きすぎて。使うとすりゃ槍かモリ。マーメイドの武器も三叉モリ(トライデント)だし。

☆ハワイには"サメ男"(ワーシャーク?)の伝説がある。サメ男はすごくイケメンな若者に化けて、うぶな娘をユーワクして海に連れてって食っちゃうそな。
でも、変身しても背ビレは残ってて、それを相手に見られるとカをなくし逃げてしまうんだと。
けどさ、ハワイの昔の服装って男は上半身裸じゃん。なんで背中のヒレに気付かないんだ？ 案外、体の前ばっかしに気をとられてるとか…？ 川の藤のよ。
で 私がイメージする"サメ男"、そのがこんなの。
← って、海のトリトンの、ポリペイモスまんまやん！
なるほどったのよ、あのデザイン(また世紀末ップなネタを…)。

○結局、また食ってる。
でもサメ肉って脂肪分が全然乗ってなくってあまし美味くないぞ(サメは脂肪は全て肝臓に蓄えちゃうのね)。

☆サメの腎臓は不完全で、いったん濾過した老廃物が再び血液中に混じってしまうって欠陥を持ってる。
そのため、その肉はアンモニア臭い(同じ仲間のエイも)。
でもそのアンモニアの殺菌作用のおかげで肉は腐りにくく、常温でも1ヶ月以上保つんだと(夏場でも2週間も!)。
保冷設備のなかった時代は保存や輸送に重宝したらしく、島根の山間部などは唯一手に入る生魚として盆や正月にサメのさしみを食べたそーな。
また、サメ肉を生干しした"サメタレ"は奈良時代から続く伊勢地方の特産物として、海のない大和へ送られてたし(今も地元で売ってる)。

18

寒鰤屋爆発！
原因はガス漏れか？

☆ 約6億年前から5億年前までの時代を"カンブリア紀"という。

カンブリア紀はそれ以前の"先カンブリア時代(始生代、原生代)"には頭微鏡サイズの微生物ぐらいしかいなかった地球上に突如、数cmから中には1mを超えるような巨大生物が爆発的に現れた時代で、これを"カンブリア爆発"と呼ぶ。

実は先カンブリア時代後期にも"エディアカラ動物群"てな巨大生物が現れた謎の時代があるんだけど、エディアカラの生物たちはある時一斉に絶滅して、カンブリアの生物が出現するまで生物の空白期間が数千万年(説によっては億以上)あった、という。
この空白期間が生物たちの爆発的な進化を促した、な説がある。

つまり、戦後の焼け野原となった都会で、様々な商売の"ヤミ市"が建ち並ぶと同様に空白のニッチェ(生態的地位)を埋めるために様々な役割りの生物が適応放散したというものである。

☆ この時代の生物って、ともあれニッチェを埋めるために適当(めちゃくちゃぢゃなくて)に進化したせいかよく知らん者が見ると怪奇な姿をしたのが多い(異形の森のピーシズの神々がいた影響かも…)と云われててコバヤシも実はろう思ってた。

○オパビニア。
ここばかりは神々の影響かも。

☆カンブリアの生物たちは、その後の生物とは全く繋がりのない、この時代独自の生物だと思ってたのネー(ピカイアのような脊索を持つ脊椎動物の祖先となる生物もいたが)。その後に現れる"真"の生物のための試作品としてで。

でも、形は大いに変わってても彼らはその場こっきりの試作品なんかじゃなく、その血族はその後の生物たちに受け継がれていったんじゃね？—と思うとこさ。

オパピニアって三葉虫のただ足が退化(カグガニやセミエビだってたくさんの目があるし、ヤガの口は伸縮する)なんぢゃね？と。

○ピカイア。
脊椎動物の先祖の脊索動物の御先祖。
ナメクジウオね。

☆ さーで風変わり三葉虫にしちゃった、カンブリア最大最強(かもしれない)生物アノマロカリス。こうしてみると以外とあの口も甲殻類っぽくなってあまし異和感ないんじょ？この復原が正しいのかどうかは、未来にもっと完全なコイツの化石が発掘されるまでのお楽しみだね。

○ハルキゲニア。
最初に発表された時は上下、前後が逆だった。
後に正しい(と思われる)姿に修正されたけど、それでもまだ変。

☆ そのマカフシギ生物ハルキゲニアも、実は"有爪類"の仲間なんじゃね？て説がある。
てんで作者なりに想像してみた、有爪類っぽいハルキゲニア。でもこうやって描いてみたらクマムシの"緩歩動物"って、いーんぢゃねーの？って思えてきた…。

○有爪動物。
環形動物と節足動物の中間に位置する動物。
ヤガラみたいなカタチの、殻状に守ばれているカギムシとも呼ばれる。

○ちなみにオマケで描いてみたのは、昆虫の始祖的祖先っぽい木楼紀の空想生物。
トンボの祖先らしく、もちろん昆虫らしいけど、それほぽいでしょ？
(昆虫の祖先はまだ不明らしい)

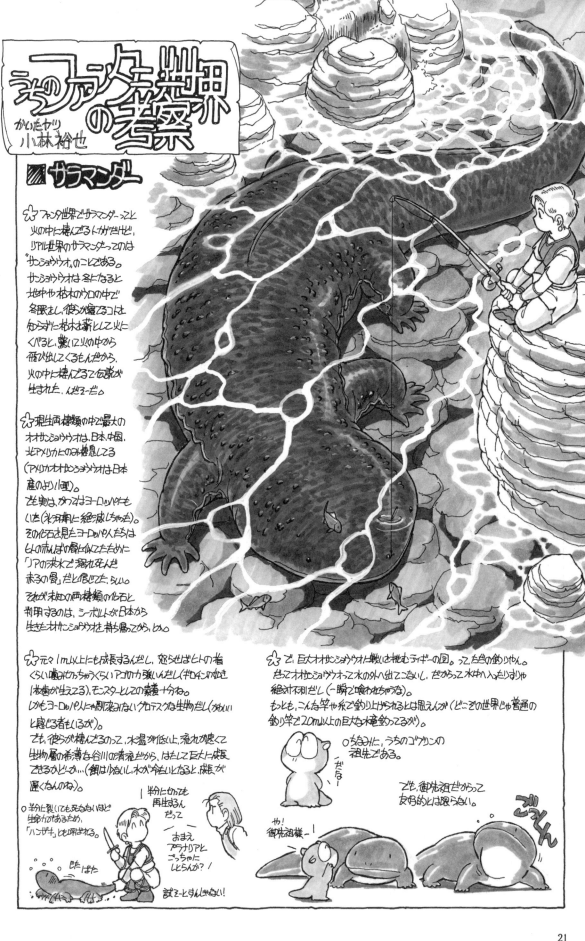

うちのファンタジー世界の考察
かいたヤツ 小林裕也

■蟲

☆今回の蟲はタコ（"蛸"って書くんだからコイツも蟲なのである）。デンデン虫と同じ軟体動物の中に属する生物なんでいろいろダブりそーだけど(てかデンデン虫描いた時にこいつ思いついたのよ)。節足動物の中もサソリ、カニ、クモと三種も書いちゃったんだから軟体動物もダブっでかまわんだろ。

☆本来なら水棲のタコ描くところだが、こいつは何と陸棲タコである。水棲は"クラーケン"描いたし、巻貝に"有肺類"てな陸上に適応したのがいるんなら、巻貝の発展形であるタコだって有肺タコがいてもいーんじゃね？てな理屈で作ってみました。
身軽になるために貝殻を捨てた頭足類（タコ、イカの仲間のコトよ）だけど、陸上生活するのにスッポンポンでは心許ない。特に巨大化させると、外敵から身を守る以外に重力から身を守る必要もあるし。てーこって、こいつには殻がある。おかげでタコっぽくなくなっちった。

☆触手うねうねのモンスターに襲われるトロピカルな女のコ。エロっぽいシチュエーションだが、喰うのが目的なのであって。エロい展開にはなりません、たぶん。
触手うねうねじゃなく、ヌメヌメって書こうと思ったけど、陸棲に特化したコイツは乾いてるのであった。デンデン虫とは違うのである。ち。
でもそーなると吸盤は役に立つか？乾いた吸盤じゃくっつかない気がするなー。吸盤のとこだけヌメヌメになってるってコトにしますか。…やっぱエロい？

☆生活はデンデン虫と同じく、肺モドキで空気を呼吸し、産卵も陸上で行う。でもヒフが乾いてるから乾燥に強く、より陸上生活に適応してる。しかも、タコって捕食性だからデンデン虫なんかよりも動きははるかに素早いだろなー。ぬめ～っと動くんじゃなく、エモノに飛びかかって襲うくらいに。もしかすと"立って"歩けたりして。

○殻の中にもぐり込めないんでヒフが乾かに乾燥に強くなってるのである。

どっちかつーとコウイカ？

○8本の接地面積の大きな腕で体重を分散させる。
ますますタコっぽくなくなるな…。

なんで私じゃない!?

☆「一度退化した器官は二度と元に戻らない」て"ドロの法則"に準ずれば、貝殻を捨てたタコが再び貝殻を有するコトはありえないのねー。でもタコの中には"フネダコ"のように殻を持つのもいるコトはいる(フネダコの殻は本当の貝殻じゃなく、分泌物による代用の殻)。こいつの殻も似たよーなもんだろう、て設定。
本当の貝殻ほど丈夫じゃないだろね。

☆貝殻を持つ頭足類オウムガイ。こいつは貝殻を捨てる前の頭足類なんで殻を持つコとも問題ない。
ありがと紀の御先祖様

おめぇじゃ色気ないし、こいつと戦わせるとまた食っちまうぜし

かいたヤツ 小林裕也

ミミック

☆宝箱に化けた"ミミック"はRPGじゃ馴染みだけど、Mimicってのは"擬態"のコトであってモンスターってワケじゃない。正確には"ミミックモンスター"ね。でも、どーゆー生物が擬態してるのかは設定されたコトがないな。ってワケで、今回はミミックモンスターについての考察。

☆でもなー、生物がどーやって直線的な形態有する？曲線ってのは自然界にうじゃうじゃあるけど、直線ってのはまずありえないのよ。

☆2枚貝が宝箱に擬態したミミックモンスター。貝殻がまんま宝箱形になってる。巻貝に"有肺類"って空気呼吸のできる種類いるんだから、こいつも同様に"肺モドキ"で呼吸してるから陸上でも大丈夫、って設定。本物の宝箱じゃないけど、倒すと真珠が手に入りそーだな。

○クリーピングコインもこいつの仲間っぽい。貝殻がコインの形してんの。クッキーサンドのアイスクリームみたい…

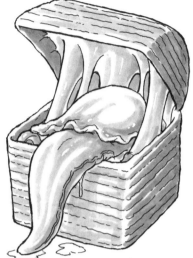

☆宝箱っぽい形に化けても、あくまでも「ぽい」んであってそっくりにゃなれんだろーな。近づけば一発でバレるぞ。そもそも2枚貝ってプランクトン食であって、人を襲って食べるような"口"持ってねーし。せいぜい冒険者の手を挟んでダメージ与えるか、動けなくする程度だな。

☆いっそ、無理に化けるのはやめて、ダンジョンの中にいくらでも転がってる(であろう)本物の宝箱使っちゃいますか？陸棲タコの一亜種ね。タコって身を守るために狭い所にもぐりたがるし、捕食性だし。ミミックオクトパスってのもいることだし。

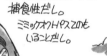

☆ダンジョンの中、潜ちてたフタの閉じた宝箱を開けようとしたら、突然ガバッと開いて襲われちゃったシーフの図。これなら近づいてもバレないだろし、ビックリ度満々だし。ミミックの定義からちょっとはずれてなくもないけど、だまされる点では同じだからいーんじゃね？

○宝箱を"宿"にするなら、ヤドカリでもいーかも…ふだんは宝箱しょってダンジョンを徘徊してる。敵が近くとフタを閉めて宝箱のフリをする。

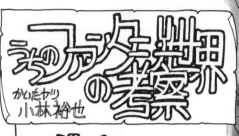

■ ヴィーナス（植物のモンスター）

☆ハエトリソウ（ハエジゴク）の学名である。
なぜグロい食虫植物に美神の名を付けたのか
私ゃ知らんけど、ニュアンス的に何となく似合ってる
気がしなくもないな。

○実際のハエトリソウは　○モウセンゴケ科
白いきれいな花をつける　北米南東部の
観賞植物。　湿地帯の貧栄養
　　　　　土壌に生息。

☆葉っぱ（捕獲器）の表面に生えてる3本の糸状突起
に触れると葉が閉じる。前回の「植物モンスターⅡ」のと
同じタッチスイッチ式なんで、触りさえしなきゃ何の害も
ないんだが、まぁファンタ世界でそんな理屈コネたって
面白くも何ともないよな。
—てな御都合主義もあって、ファンタ世界のハエジゴク
（ヴィーナスギガンテス）は、もうちょっと積極的に獲物を狩る
コトにしましょ。

☆ヴィーナスギガンテスは普段は地面の下（土の中じゃなく、
落葉や腐葉土の堆積層）に隠れてる。
そうとは知らずに獲物がこのエリアに踏み込んじゃうと
いきなり足の下から襲いかかる。
捕獲器は獲物が触れたヤツも連鎖的に作動し、
獲物を確実に捕えるのであった。

○ジャングルの中に落葉の積った空地が
　ぼっかりと開けてる。

☆突然 地面の下から襲いかかってきた植物モンスターと戦うラィティーの図。
やはりこういう場合は敏捷度で"不意打ち"判定だろな一。
もっとも、いったん分かってしまえばこの植物モンスターそれ以上の攻撃も出来ず、
やられ放題だったりして。「ラセミリソウ」とでも名を付けるか…

使用禁止な武器

☆ツボ状の捕獲器に獲物が落っこちてくる
のをただじっと待ち続けるタイプのツボカズラ型
食肉植物だとさみしくないな。

○ネペンテスギガントリス

○ツボの中の"消化液"は酸ではなく、
タンパク質分解酵素を含んだ樹液。
浸ってれば老廃物も分解してくれ、
お肌がツルツルスベスベになる。
皮脂汚れの服の洗濯や料理で
肉を柔らかくするのにも使えるー。

　亜人といえば、エルフやドワーフ、ホビットなどが有名ですが、作者の趣味もあり、ここではマーノイド（いわゆる人魚）やレピノイド（いわゆる魚人）といった亜人に多くのページが割かれています。

　亜人は動物と違い、社会生活を営みますので、必要な設定の量も膨大となります。

　「海の中で社会生活を営む」というのはどういうことか。会話はどうするのか？　文字はあるのか？　何で何に記録するのか？　など、しっかり決めておかないと、物語にアラが出てしまうこととなります。

うちのファンタジー世界の考察
かいたヤツ 小林裕也

ブラウニー

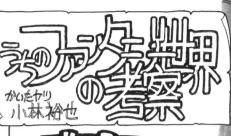

☆ よく働く人の家に住みつき、家事や農作業を手伝ってくれる"お手伝い妖精"のコト。
呼称は土地により異なり、プカ、ボダッハ、フェンゼリーなどがあり、また他の妖精(ホブゴブリン、ピクシー)が彼らの役を演じるコトもある。―以上「妖精事典」(冨山房)よりの受け売りでございっ。

人前には決して姿を現さず、家人が眠ってる夜中の間に仕事をする。にも拘らず彼らの姿を見ようとワナをしかけたりすると、怒って仕返しをしたり家を出ちゃう、って話もあったっけ。

↑スコットランドなのでタータンチェック

○ウチのブラウニー一味はフェアリーサイズだけど、実際(?)は3フィートもあるらしい。スコットランドやイングランド北部に多く分布してるような。

☆ 要するにスコットランドは貧しい家庭が多く、家事や農作業が大変だったんだろ。使用人を雇いたくても金もなく、せめて家事手伝ってくれる妖精でもいてくれたら、って願望が彼らを生み出した…んじゃね?

あ、身長3フィートってコトは、家人が自分たちの子供を彼らと投影したとも考えられるーね。
けっこうイタズラもするし、手伝いの途中で報酬渡したら、そのとたん手伝いに来てくれなくなった、て辺りもいかにも子供ぽいし。

―なコトは書いてる今、TVじゃスコットランド独立の話題で大騒ぎだったりして。

…これも食えと?

○食事を作ってる最中に、トレイの上に並べといた料理にゴキブリの足跡が点々と付いていたコトがある…。

あぁっ!! 買ってあった一週間分の食材が!!

○ブラウニーは魔法使いじゃないので無から有は出せない。彼らの作ってくれる料理も材料は必要なんである。

仕事を手伝ってくれたことはない。現状はむしろ…

○コピックを隠すブラウニーの図

もー毎回毎回っ!

○彼らに手伝ってもらったら、一切れのパンと一杯のミルクをお礼に置いておく。

ぶぅっ!
―が!

ちゃちちゃち ♪

○妖精のいる世界でも弱肉強食のエコロジーは存在するのであった…。

うちのファンタジー世界の考察
かいたヤツ 小林裕也

■ **オーガー**（獣人）

☆ 以前、食肉目哺乳類進化人類とか、鳥類進化人類とか、ハ虫類(恐竜)進化人類とか作った。でも、草食系哺乳類進化の人類はまだだったわね（ウサギツノはちょっとしたお遊び）。
ってコトで今回は"偶蹄目哺乳類進化人類"ってコトで。

☆ 偶蹄目とはウシ、シカ、カモシカ、ブタなど草食性哺乳類の中では最大のファミリー。つまり、生存競争に勝ち抜いた"成功者"。なら、人類レベルまで進化したのがいたってかまわんだろ、って発想ね。

☆ 食肉目進化のカヌーフが雑食性なのに偶蹄目進化のくせにコイツは肉食(オーガーと設定しちゃったもんで)。いささか軟弱気味な設定だけど、雑食性のイノシシやブタあたりならありえなくはないんじゃないかなっと…。

☆ 偶蹄目ってのはヒヅメが割れてる連中のコト。2本指だと思ってる人多いだろうけど、実は4本指なのである。接地してるのが2本であって、カカト部分にあと2本あんのね。ついでに云えば"口蹄疫"に罹る連中でもある（これ書いてる時点でリアルタイムネタなのよ。発表時にどうなってるかは解らんけど）。

○ 偶蹄目哺乳類進化のオーガーはイノシシ科より進化の人類。そのなんとか上の種が草食性の偶蹄目だけど、イノシシ科は雑食性。草や木の実以外にも、虫、カエル、トカゲ、ヘビ、さらにはネズミやトリ、時にはヒトさえ喰っちゃうバイタリティの塊。人類進化にゃ一番相応しいんではないかなっと。

○ 食性は肉食、もしくは肉食傾向の強い雑食。体長2m以上、性格凶暴（祖先イノシシだし)。

○ "人喰い鬼"と訳されるオーガーなんだから、人喰い種族ってコトも。

○ いや、哺乳類でナニがアレなもんで（ケモノモンスターぽくても衣類着なきゃなんないのよ、隠すために）。

○ 手の指も4本。ヒヅメタイプの指が"作業用"に進化できるかどうか、自分で作っときながら、ちと疑問。まぁこの指では器用度高くなさそーだ。

○ 偶蹄目進化なので指は4本。カカトを接地する"ベタ足"になって2本接地から4本接地に戻った。

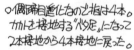

☆ オーガーと設定したけど、オークとしてもいいかも。もっとも、ブタ面が"オーク"ってトールキン世界のオリジナルキャラなんでおおっぴらには使えんけど。

○ 子供の頃は背中にシマ模様あったりして。
○ シッポはない。
オーガー ヒヒ カッパ
高僧の生き肝を食えば500年長生きできるとか…
三蔵法師

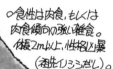
わっ わっ！！
このパーティはすごくまずいかも！？

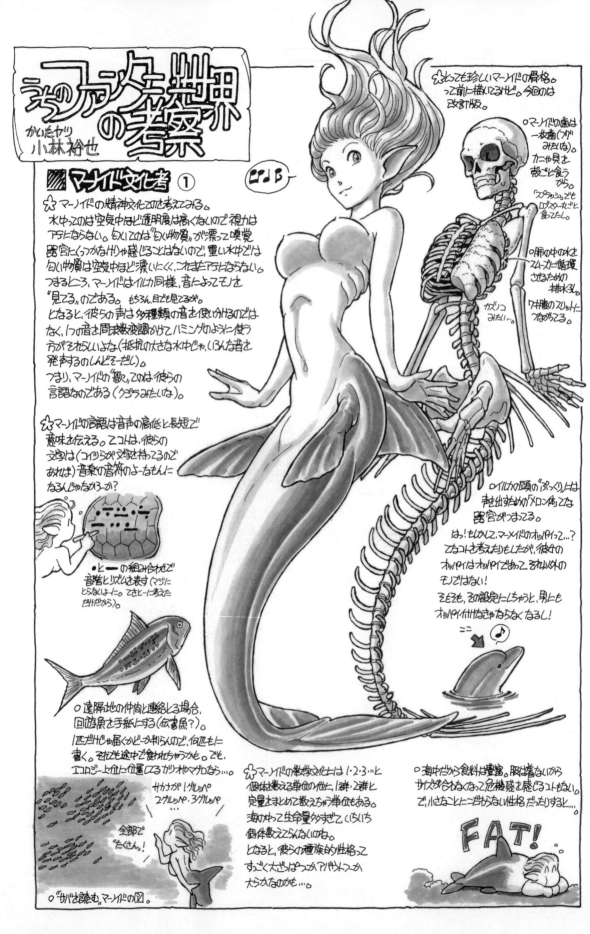

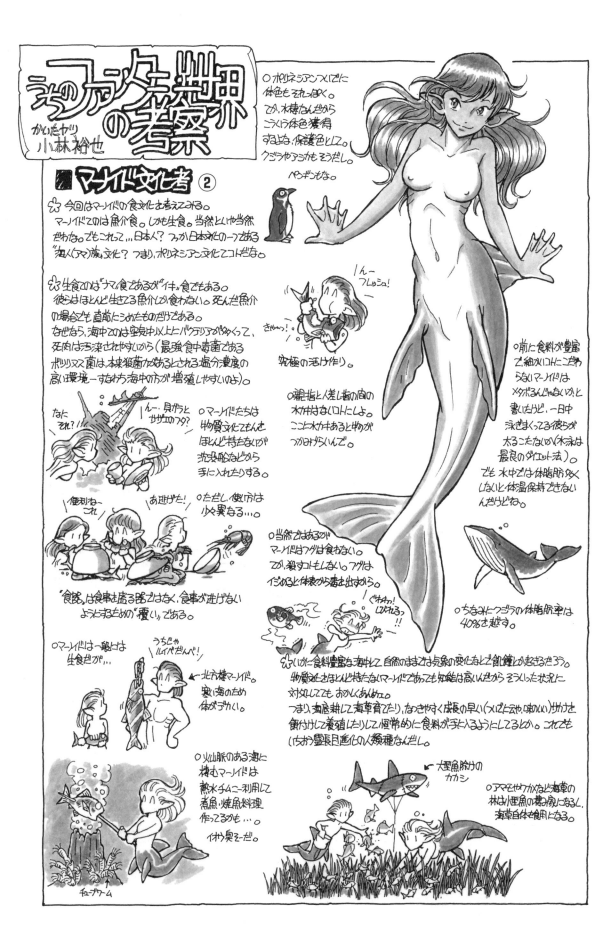

うちのファンタジー世界の考察
かいたヤツ 小林裕也

■レビノイドの逆襲

☆この島の住人たちは雨の降る夜を極度に怖れていた。そういう夜とは"あれ"が群れなして海から上がって島民を襲うからである…。
なコトを前回何気なく書いたら、そのシーンを何気なく絵にしてみたくなっちゃった。

☆前回、レビノイドを2足歩行に設定したけど、冷静に考えてみるとそれはちょっと難しいんじゃね?と思い至って。そもそも、水の浮力って強いよ?プールに30分くらい浸かってから水から上がってみて、すげぇ重力の存在感にグッちゃうくらいに浮力って大きいのよ。
海底原人ラゴンは深海の高水圧に耐える体質なんだから、陸上の低気圧下では建物の壁など紙のようにモロいってコトだった比べれば、水の浮力に甘えきってる水棲動物がそんなに頑丈なわけないじゃん。
水の外で元気なのってウナギかナマズかタコくらいなもんだね。あとはカエルか…。

○水場から水場へ陸上をヘビのように這って移動するウナギ。

ズヴァイヤセタラみたいなの、あんな筋肉あるくせに水の外で1歩も動けないのよあれ。
レビノイドだって水の外で終始2本足で歩くなんて無理も無理。こか、腹這いになって行くがずっと楽でこくらい、ちょいと体験すりゃすぐに判るだろうから、わざわざ2足合わなくしようと思わないんじゃね?

粘液の跡を引きながらぬたーっと這う…。
皮膚は高級品。色ぽ。
Multicolorfin wrasse

☆ってコトで、レビノイドは水の外では4足歩行ーこれ島島移動が基本。ってコトに変更。
人間に襲いかかる時だけ立ち上がる、とかしよう。
なんか、そっちのが不気味っぽいし、ホラー物っぽく合ってそーじゃん。夜の闇の中をビチャビチャと這い回さえて、陸上動物とも似つかぬものが這いずってって、ぬっと立ち上がるーいかにもだろ?

☆取り残された子供たちを救おうとしてレビノイドの群に囲まれたピンチ!なラディの図。1カットこっきりのイラストでよかったね。マンガや小説だったらこの先の展開考えなきゃならんとこだったわ。

――辺りには強烈な刺激臭が立ち込めていた。ベラ科の魚のヒレから夜のうちに分化した鱗と、メレ不快臭、それが用心深く届けの粘っこい空気の中に淀んでいるのだ。
彼がこのニオイのおかげで、視力のまるで利かない真っ暗闇でありながら、彼らの数や居場所が手に取るように解った――

なんてこと。(いや実際、こいつらがサカナの体質のまんまなら、いつも保護するための粘液でヌラヌラだし、それが半乾きの隙間のニオイってかなり強烈なんじゃないか?ベラ科のサカナ(キュウセンとか)の体表の粘液がどんだけ臭いかは…知らない人には解らんだろーね。下処理でダウンで洗い落とさないとても食えるサカナじゃない(肉は美味いんだが)。

くいや、ベラはともかく、そういう強い体臭があるんなら、こいつらが襲ってくる事前に察知できるんじゃないか?たとえ真っ暗な闇夜でも。
足も遅そうだし、案外簡単に逃げられそうね。

☆あ、ここまできて重大なコトに気付いちゃった!
こいつらが肉食になるなら、わざわざ陸に上がらなくてもマーメイド襲えばいーんじゃね?ってコトに。

マーメイド VS レビノイド!!

Fantastic Creatures
～Dragons～

幻想生物（ドラゴン系）

　幻想生物の王様ともいうべき生き物が、ドラゴンです。
　東洋の物語にも、西洋の物語にも登場し、東洋では神聖なもの、水の神としてあがめられることが多く、西洋では逆に邪悪な存在、神の敵として描かれることが多いのが面白いところです。
　人間以上の高度な知能を持つことも多いのですが、このシリーズでは一貫して「巨大なトカゲ」として扱われています。
　ですが逆に、「巨大なトカゲが高度な知能を得るに至った理由」を考えるのも、非常にやりがいのある考察となるのではないでしょうか。

うちのファンタジー世界の考察
かいたヤツ 小林裕也

■ インタセプテロス

☆ これまで"ドラゴン単体"で描くコトはあったけど、種類の違うドラゴンを絡めて描いたコトはなかったのね～(死んだ四脚系ドラゴンを食べる六脚系ドラゴンとかはあったけど)。

☆ ドラゴンの中で一番ガタイ強いんは"四脚系ドラゴン(トレスドラゴン)"だけど、彼らは行動範囲が狭いんであまし脅威じゃない。危険なのは"六脚系ドラゴン(セクトドラゴン)"。行動範囲は広く、遠く離れた地域にも飛来し、人畜を襲うやっかいな存在なのね。ドラゴンの嫌がる煙を焚いたり、防竜ネットを張ったりといろいろ防衛策は講じてきたが、それらは根本的な解決にはならないんで、もっとアクラブな防御策として打ち出されたのが、この"迎撃ワイバーン部隊"であった。○のサブタイトルは"迎撃する翼"で意味ね。

☆ ワイバーンの里を襲ったセクトドラゴンを迎撃するワイバーン部隊の図。飛行能力の高いワイバーンが空中でドラゴンに獲られることはないし、地上ではその限りじゃない。サイズ的にも獲物とドッコイだし、だもんで彼らはヒンパンに営巣地である"ワイバーンの里"を襲うのであった。そんなドラゴンをワイバーン人は、カラダがデカいを逆手にとって撃退するのだが、彼らは攻撃で攻撃し、墜落させるのだろう。一つ二つお話はいかが？

○ワイバーンライダーの主武装はボウガン。ただし騎士上で弦を引くのは無理っぽいので、一回こっきりの使い捨てである。そのためやつらはすでに弦の引いてあるボウガンを複数個携帯して攻撃する。使い切ったら後は騎士上にあるワイバーンのコントロール用手綱で攻撃する。

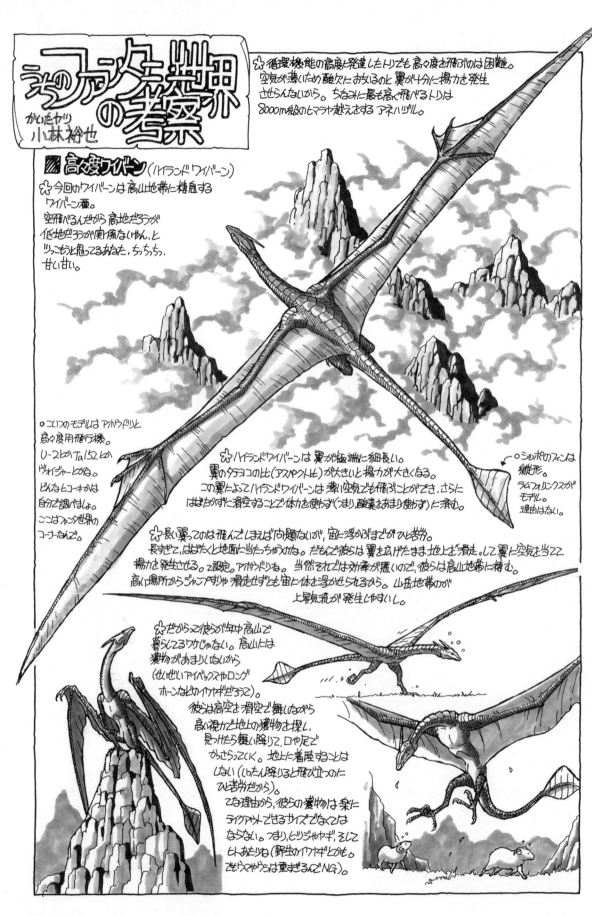

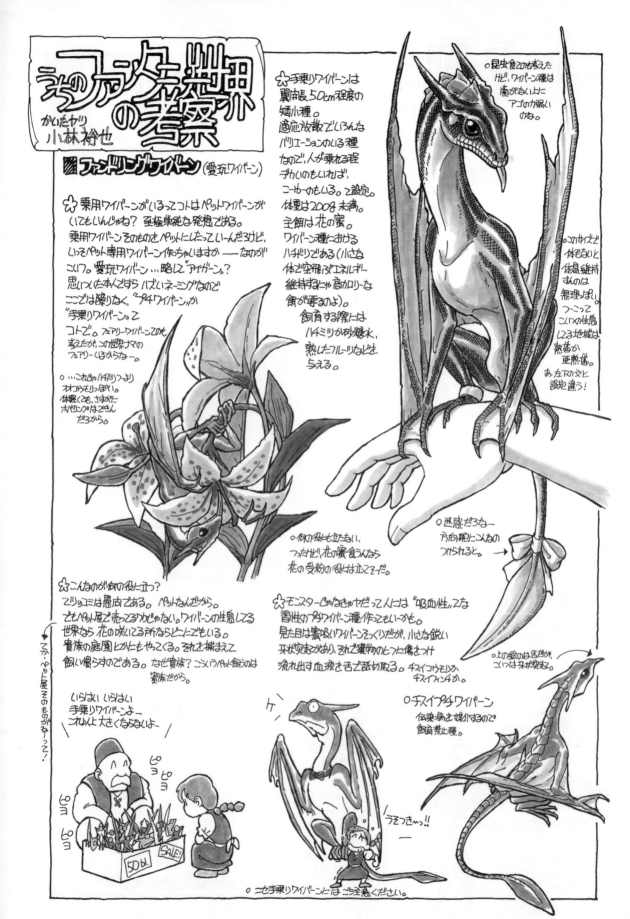

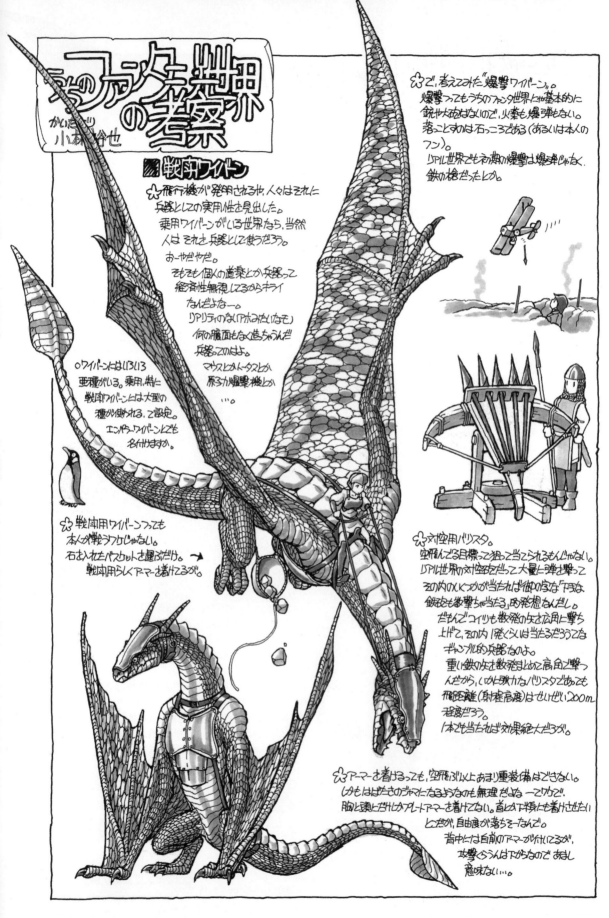

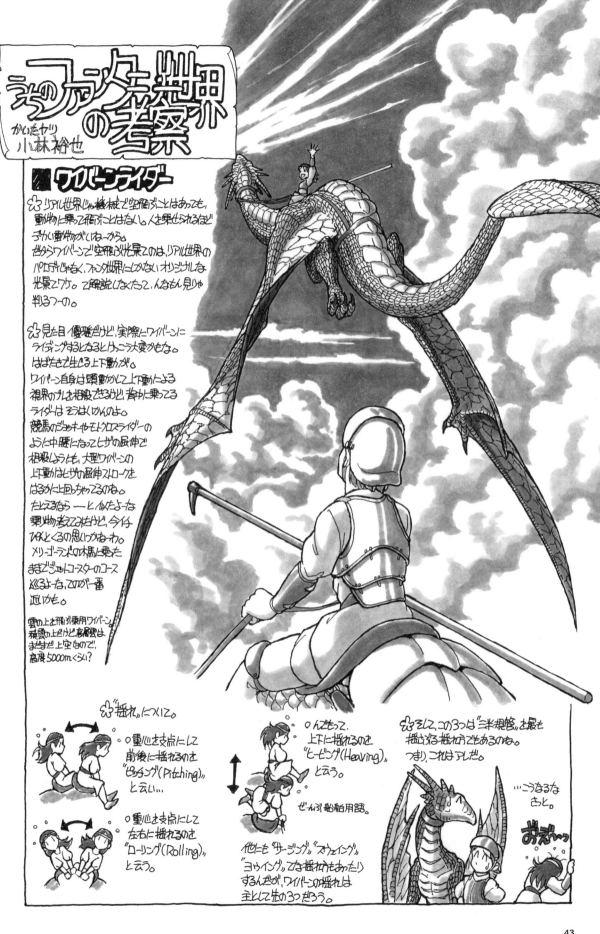

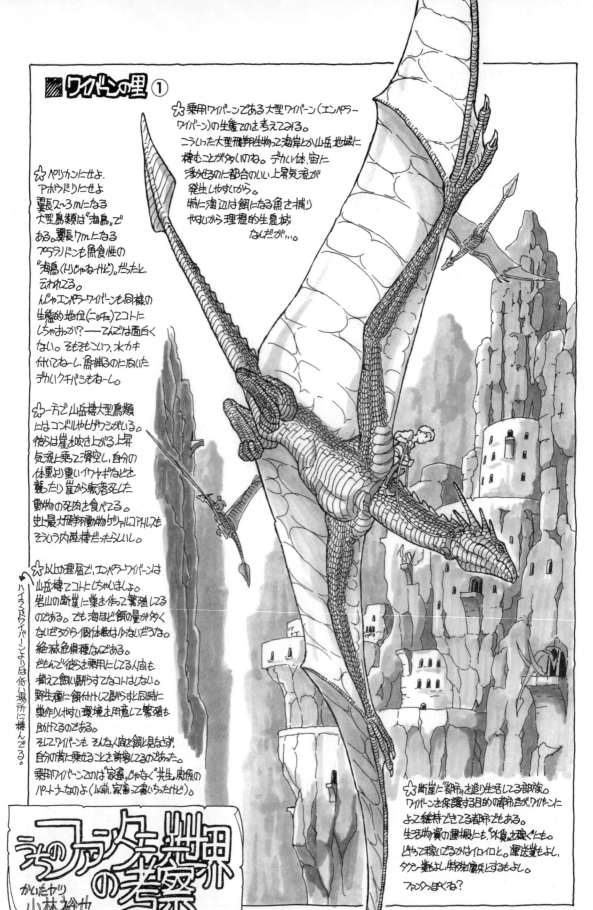

うちのファンタジー世界の考察
かいたヤツ 小林裕也

■ ワイバーンの里 ②

☆さて、何を書こうか?なんとなく乗用ワイバーンの絵を描いてみたくて描いただけで、なーんもテーマ決めてないね。ま飛んでる絵じゃなく、地上(宿舎のバルコニーだけど)姿勢なのが目新しいでしょ?
以前描いた「ワイバーンの里」の続きってとこですか。ちょっとイメージ変わったけど。

☆前の"ワイバーンの里"じゃ今イチ リアリティ欠いてたんで(いやぁ、昔からこそファンタ世界なんだろけど)、もちょっと現実味を持たせてみようかなと。
谷間には緑があり、川があり、人家があり、畑がある。日当り悪くて作物育ちたくそーだけど、とりあえず自給自足できそうなコロニー。ワイバーンに全て依存してる前よりはリアルじゃね?

☆昔、この一帯を治めてた領主が造った城(の址)だったが、今は主はなく、村人はその廃墟を利用して乗用ワイバーンの調練場兼保育場(ハトバみたいな。ずいぶん巨大なハト小屋ではあるが)にしてる。
乗用ワイバーンは元は領主が戦用に画策したものだったが、国がこんで この計画は放棄されてしまう。
しかし、ワイバーンの世話、調教のために集められた人々は領主亡き後もそこに留まり、集落を造り、ワイバーンと共に暮らした。
そして、いつしかその地は"ワイバーンの里"と呼ばれるようになった、って設定にしとこう。前回の"ワイバーンの里"よりは説得力あるでしょ。

☆でも、この程度の集落じゃ人は自給自足できてもワイバーンのエサは自足できるか?
もしかして、エンペラーワイバーンは図体はデカくても実は草食獣とか?それだったら自足できそうだし、乗用として馴らすのも簡単かも。こんなデカい(陸棲)動物が草食ってのは無理ぽいが、大型鳥類のハクチョウやフラミンゴとかも草食だし。

あー、徒然なるままに書いてたら何となくまとまっちゃいました。

○フラミンゴは正確にはプランクトン食。植物プランクトンのケイソウ類を食べてる。

ドラゴンスレイヤーズ

☆ 六脚系ドラゴンは四脚系ドラゴンと異なり飛んで餌を狩るため広範囲に被害を及ぼす"害獣"である。

そのため、害獣駆除のハンター"ドラゴンスレイヤー"がいたりする。うちの場合は。

☆ うちのドラゴンは普通の動物（六脚系というちょっと特殊なグループだが）なので、しかも空を飛ぶための軽量化で、矢一本でも撃墜できちゃう（まァ、どっちの竜も内光玉で撃ち堕とし、剣でトドメ刺すコトもできるけど）。

でも、墜とすといっても矢一本ごときで殺せるわけじゃない。陸に堕とした後でトドメ刺すまでが問題なのである。手負いになってるから怖いぞー。

うちのファンタジー世界の考察
かいたヤツ 小林裕也

☆ 図体がデカく、タフな四脚系ドラゴンは人の手に余るだろうけど、比較的小柄で華奢な六脚系ならその限りではない。例えるならグリズリーとコヨーテ、ライオンとリカオンくらいの差？（よく解らん）

集落を襲い人々をむさぼり喰らう凶暴なモンスターであっても、経験豊富で装備の充実した者たちであれば立場を逆転するコトが可能なのである（もっとも彼我の力の差はほとんどなく"殺るか殺られるか"な汗にぎる攻防だろうが）。

そして、そういうドラゴン狩りを生業にしてるのが"ドラゴンスレイヤーズ"なのである。

バクゼンとした"冒険者"よりずっと存在感ありそうでしょ？パンピーから白い目で見られがちな"冒険者"だが、彼らとは確実に尊敬のマナザシで見られるだろうから。

「冒険者にあこがれて」冒険者になった、シチュエーションよりは「ドラゴンスレイヤーにあこがれて」冒険者になる方が説得力あるっしょ？

○映画「サラマンダー」に出てきた軍人くずれの竜狩りのプロみたいな？あるいはモンハン…。
映画自体は期待外れだったなー。
やはり竜退治ネタの映画の傑作は「ドラゴンスレイヤー」よね。
なんつっても"ドラゴン"のバーミスラックスがカッコよくて♡（正確にはドラゴンじゃなくワイバーンだけど）

──って、「ドラゴンスレイヤー」テーマでドラゴンの方がメインで、どーする？

うちのファンタの考察
かいたヤツ 小林裕也

■ドラゴン

☆たとえドラゴンであっても、うちのファンタ世界じゃエコロジー(生物生態系)に組み込まれた普通の生物であって、特別な存在じゃない。
当然、寿命はあるし病気にもかかるだろうし、死ねば屍を晒し、その死体はエコロジーに則って他の生物のために還元されるだろう。

☆四脚系ドラゴンがアフリカサバンナのライオンに位置するなら、六脚系ドラゴンはハイエナやジャッカル? 自分で狩りもするけど死肉も漁るとか。空腹なら空腹なら…とも考えたけど、ハゲワシよりは立場強ーなんで。
てコトで、四脚系ドラゴンの死肉を漁る六脚系ドラゴンの図でござい。
ちょっと六脚系ドラゴンのサイズ小さかったかしらん?
ま、ワイバーン同様にいろんなサイズの種類がいるって設定にしてもいいし、あるいは、狩りがまだ下手な若い個体が死肉を漁ってるってコトでもいいかも(イノシシとかも若い個体はそー)。

☆一方の四脚系ドラゴンはなんで死んだのか? 老衰? 事故? 病気?
ディナーの王様の剣にドラゴンだけが感染する病気ってのがあったね…。
老衰だとすると、ドラゴンの寿命ってどんくらい?
ハ虫類って概に寿命長いよねー。
ペットのカメでも30年は生きるし、ワニで50年くらい。ゾウガメだと200年近いとも。
大型恐竜は200年以上生きたとされてるから、体長20mにもなる四脚系ドラゴンもそのくらい生きるかも。
寿命長けりゃ個体数少なくても生態系バランスとれてるーだ。

☆こんな巨体放ったらかしにしときゃ腐るとここくさそーだし、衛生的にも問題ありそーだし、何よりもったいないよな、タンパク源として。
処理にやってくるのは六脚系ドラゴンだけじゃない。ワイバーンやドレイクも来るかもだしクマやオオカミやキツネやハゲワシやネズミとかも。んでもって人間も。
めったに手に入らない(入るとしてもタダしな危険を冒さなきゃなんない)四脚系ドラゴンの皮や肉や骨がタダぜず手に入るんだから。ライバル多そーだが。

○こうした死体は、まず内臓や目玉から食べられ、筋肉は後回しにされる。内臓の方が栄養価が高いから。

☆ドラゴンの体って余すところなく利用されるーね。
竜眼肉とか竜骨ってアイテム、リアル世界にもあるし。
竜眼肉=フルーツのライチのコト。
竜骨=化石動物の骨のコト。漢方薬の木材料。

"竜竜頭、こりゃあかんな←(ひょうず:ガンモドキのコト)。

…モンハンの世界やん!

47

うちのファンタジー世界の考察
かいたヤツ 小林裕也

ガイアドラゴン

☆ガイアドラゴンはウィンタードラゴンと同様の荒々しい自然現象を具象化したもの。こいつの場合は火山や地震などの地の下の自然現象である。

地面がゆれ動いたり、地の底から"うなり声"が聞こえたりするコトに人々は大地の底に巨大な怪物が棲んでるると想像した。そーね。
日本ではナマズであり、クレタ文明やエトルリア文明ではウシだった（だもんでクレタやエトルリアではうしをあがめてた、とか）。んで、火山国のアイスランドじゃもろにドラゴンだった、らしい。

☆ガイアドラゴンは冬の象徴のウィンタードラゴンや嵐の象徴のテンペストドラゴンなどよりランクが上。こんなん相手にしたら確実に死んじゃうから。
でも、年に一度やってくるウィンタードラゴンや、それ以上にちょくちょくやってきそーなテンペストドラゴンと違ってこいつはめったに姿を現さないだろう。
バランスはとれてそーだ。

○こいつのイメージの元はアイスランド辺りのクレバスの中を流れる"溶岩流"。あれがなんだかヘビの胴体みたいだったんで。
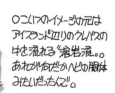

☆まともと戦えば100%勝てっこない相手だけど、絶対倒せないわけじゃないだろな。
火には水。水中とかに誘い込めば竜外にあっさり倒せそーだ。
モデルはハワイとかの"枕状溶岩"ね。
怪獣映画っぽい展開になりそーだ。
地上に現れたガイアドラゴンに町は焼かれ、人々は逃げまどう。
あらゆる対抗策は失敗するが最後に海におびき出し、ついに息の根をとめる…ゴジラっぽい。

ガイアドラゴン
"土竜"

うちのファンタジー世界の考察
かいたヤツ 小林裕也

テンペストドラゴン

☆自然現象を具象化したドラゴンの一種。今回は嵐の象徴ね。

渦巻く雲の中に見え隠れするドラゴンの体…。このイメージでいいたけど、モンゼンハンなゲームの3rdのムービーで似たようなのやられちったんで、ルイメージ変更。

本くも、マグマがドラゴンの形になっとるガイアドラゴンのように、雲がそれっぽい姿になっとるデザインにするつもりだったけど、描いてみたら周囲の雲と見分けつかなくなったんで結局こうなりましたとさ。

脚つけると竜ぽくなるんで、脚なしのヘビっぽい姿。虹がヘビって話、どっかであったし、"空を泳ぐ"神様に似合ってんじゃね？

どっちかっつとウミヘビ？

☆こいつの場合、"竜"とイメージがダブっちゃうな。あっちも気象を司ってるから。
でも"竜"は水の神様だったよ気がし、こちらは風なのである。

☆そもそも"嵐"って、風雨の入り混じった台風のようなイメージだけど、嵐の本来の意味は"強い風"のコトであって雨は伴わないのね。"むべ山風を嵐と云うらむ"ね。

☆日本人て"竜巻"もモロ神格化(モンスタ化)してるのに、ずっと頻度の高い台風を神格化してないのね、なぜか。

あまりにしょっちゅうやって来るから珍しく感じとなかったからなのか、"竜巻"のようにいかにも特徴的な現象が見られないためなのか？

でも、"イッポンダタラ"って風の神様(妖怪？)はいたっけ。

イッポンダタラは1つ目1本足の大男の妖さとで、おそらくは"つむじ風"の具象化であろう、と云われてる。一方でイッポンダタラは鍛冶・製鉄の神でもあり、(風の神と製鉄の神は同一なのね。製鉄の際には風は欠かせないから。そもそもタタラとは製鉄炉に空気を送り込む足踏みフイゴのコトだし)、製鉄職人の神格化ともいわれてる。

高熱の炉をのぞき込むため片目がつぶれ、タタラの踏みすぎで片足が悪くなった姿なのだと。

1つ目1本足の妖怪…。
(いや、コイツは ちがう！)

○ともかくも、うちの嵐のモンスター(神？)はドラゴン姿ってこと。
彼が空を舞うと地上には強風が吹き荒れるのである。
でもガイアドラゴンやウインドドラゴンよりは凶暴(高レベル)じゃないだろ。
1年の内に何度もやってくるモンスターだから、TPOに合わせて。

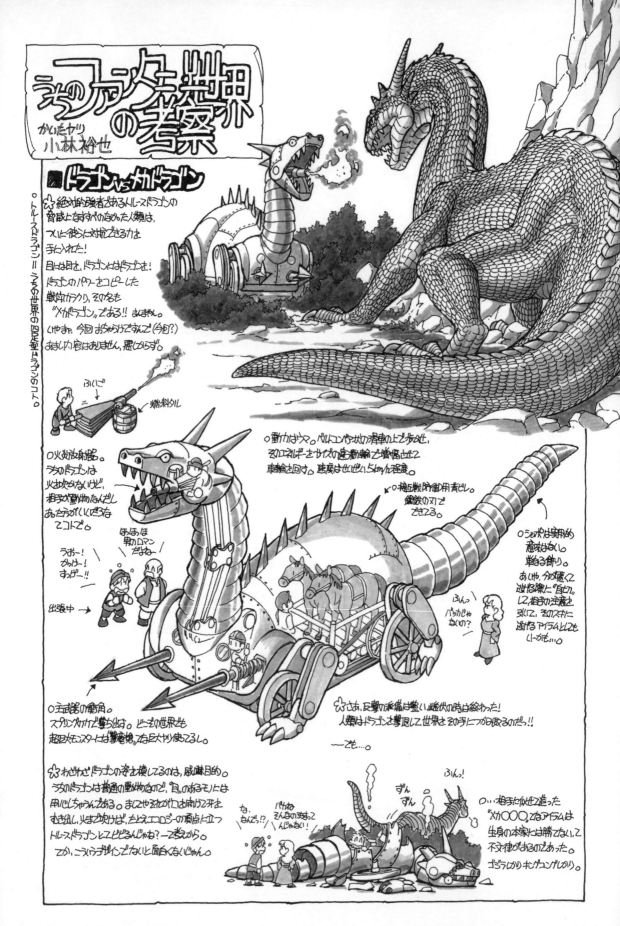

Nature

自 然

「風」「雲」「森」……。ファンタジー世界を語るうえで、なぜ取り上げるのかと疑問に思う人もいるかもしれません。

ですが海外旅行に行った方なら、普段自分が暮らしている場所と、現地の空気との違いを感じたことがあるのではないでしょうか。海外でなくても、沖縄と北海道では大きな差があります。

そういう意味で、やはり「風」も「森」もファンタジーを語る上で欠かせないテーマなのです。

「ウマ」や「ヒツジ」は、幻想生物というには生活に根ざし過ぎているという判断で、こちらに分類しました。

かいたヤツ 小林裕也

■雲

ぬくやぁ、まぁ、なーんか雄大な雲を描いてみたくって。夏だし(これ書いてるの夏の真盛りなのよ)。
夏と云えば入道雲。積乱雲である。なぜ夏になると入道雲が出るのか？暑いからである。
日差しによって地面が暖められると地表付近の空気も暖かくなる。暖まった空気は膨張し、体積が増えた分、軽くなる。
一方、上空の空気は地表から離れてるぶん、冷たいままで重い。
すると、地表付近の軽い空気が上空の重い空気と入れ替わる(夕立の前にサーッと涼しくなるのは、これが原因)。
上昇する暖かい空気には水蒸気が大量に含まれてて、それが上昇するにつれ冷やされ凝結して水の粒となる。
これが入道雲なのね。
夏の空に入道雲がむくむく湧いてる光景ってのは、その場所ではものすごい勢いで上昇気流が発生してる最中なのよ。代わりに地上にふき降りてくる上空大気が時には"ダウンバースト"って突風をひき起こすほどに。

○水蒸気が凝結しだすのは高度数百mくらいからだが、上昇気流に巻き上げられて1万m以上もの対流圏上層にまで達する。
成層圏に雲は行けないので成層圏下層部に沿って横に広がり鉄床状になる。
これを"カナトコ雲"と呼ぶ。

☆ワイバーンたちの群れてる積乱雲を見上げてるライダーの図。こうした光景から積乱雲のコトを"竜の巣"と呼ぶ。
別にワイバーンが雲の中に棲んでるワケじゃなく、積乱雲の強い上昇気流を利用して、自分の力を使わずに高度と距離を稼いでるせいなのね(ミサゴの渡りみたいな)。もっともらしいっしょ？
ピーこの世界の"竜の巣"とは関係ありません。雲の中に浮遊都市があるわけでもありません。
(いや、"雲"のテーマと合わせてファンタジーっぽく悩んだけど、これでよりやくファンタっぽくなったわ。

☆"行く川の流れは絶えずして、しかも元の水にあらず"じゃないけど、いつも空に架かってるように見えて、昨日の雲と今日の雲は別の雲。"かつ消えかつ結びて久しくとどまるためしなし"なのである。
もし、一ヶ所にずーっと止まり続けてる雲があったなら、それを調査に行く冒険のシナリオネタになるのしらん？

○笠雲。高い独立峰の上によくかかる雲。"一尺八寸"とも呼ばれる。絶えずかかり続けてるワケじゃない。

← 笠の直径が一尺八寸だったから。

綿？

うちのファンタ世界の考察
かいたヤツ 小林裕也

■湖

☆ 風光明媚なファンタ世界につきものな湖。でかい湖があると風光明媚になるんだな。
広辞苑を引くと、「陸地に囲まれ、直接海に接してない静止した水塊」とある。…静止した水塊…?
"さまよえる湖"、ロプノール湖は湖とは呼べないのか? どうやら、流れてる水域は"河川"であって"湖"じゃないってコトらしい。
他にも「中央部が沿岸植物の侵入を許さない水深(5〜10m)を持つもの」て定義もあったりする。全域がアシやハスなどに覆われる水域は"池"や"沼"と呼ぶらしい。
国土地理院の定義では「流れ込んだり流れ出る川のない水域は湖とは認めない」てのもあり、摩周湖や池田湖のような火山カルデラ湖は、でかい水たまり、であって湖とは認められないような(この定義自体が意味不明だぞ、お役所!)。

☆ 湖ってのは海と違って短命である。
日照りになれば蒸発し、雨が降れば上流から土砂が流れ込み、風が吹けば岸の土砂が吹き寄せて、水深はどんどん浅くなっちゃうのね。
尾瀬湿原のように、元は湖だったけど今は流れ込んだ土砂によって埋め立てられちゃったような(あそこもいずれはただの平原になっちゃうであろう)。"地溝帯"上にあるおかげで土砂が流れ込んで浅くなっても地殻が裂けて沈んでってるために100万年以上も存存し続けてるタンガニーカ湖のようなのは例外中の例外なのね。
普通の湖ってのは長生きしてもせいぜい数万年程度だそーな。

☆ 湖ってのはきれいな一方、妖しさを秘めてる印象もある。目の前にだだっ広いモノがありながら、その中に何があるか判らない、て不安感があるからなんだろう。
おかげで湖には女神様やドラゴンやホッケーマスクつけたゾンビや恐竜が棲んでるのである。
でも、子供の頃は信じてたけど、ネス湖に巨大生物なんているワケないよな〜。あんな狭い水域に巨大生物養うだけのエサがあるとは思えんもん(これなんとも言えるけど、でかい動物ってのは、その生態系そのものを考えるとなんかむつかしくなっちゃうよな)。海のようなエサが豊富ならともかく。

○ ベニザケ
○ ヒメマス

同じ種類なのに、海で育つとベニザケとなり、川や湖で育つとヒメマスになっちゃうのな。エサが足りないから。

☆ そーいや、ネス湖って"Lake Ness"じゃなく"Loch Ness"(ロッホネス)、なのな。Lochとはスコットランド語で"湖"のコト。古い英語ぽくって私やけに好きだな。そのまんまの英語よかファンタ世界に似合ってるかも。
他にも "山"は "Ben"(ベン)、"峡谷"を"Glen"(グレン)、てのもある。
○ 英国最高峰のなは"ベン・ネヴィス"。でも1300m程度ののぺーっとした山。普段着でも登れるそーな。

おどれが落としたのはこの銀のオノかそれともこの金のオノや?

どう答えても結果はひとつやけどな!

○ 湖のヌシ

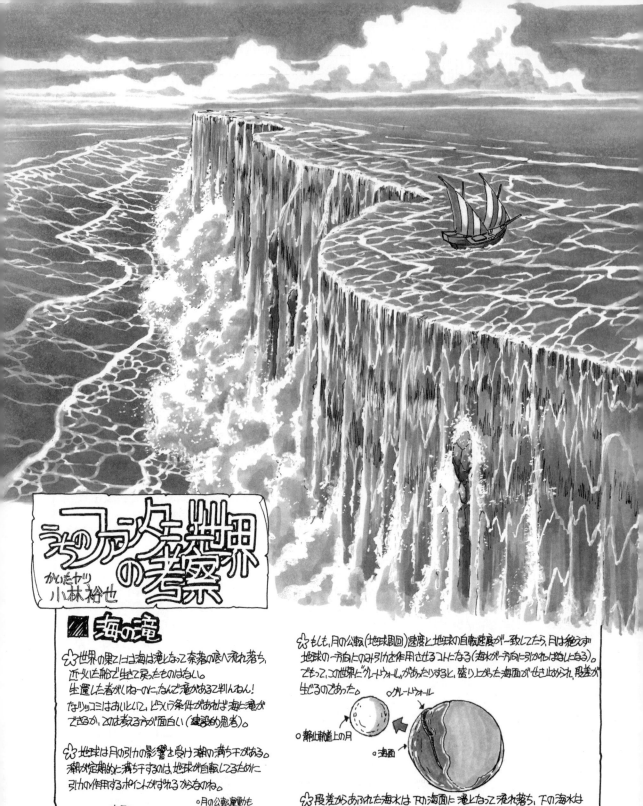

うちのファンタジー世界の考察

かいたヤツ 小林裕也

森 ①

☆中世なヨーロッパじゃ木を伐るのにノコギリを使わなかった。従って、こーゆー伐り株はない（以前に描いちったけど）。

オノによる伐り株はこういうの。

○ノコギリがなかったワケじゃない。木を伐り倒すノコギリがなかっただけ。大工道具としてのノコギリはあったのよ。

☆右の絵じゃ木の幹の中程にオノを入れてる。これは伐った後に生えてくる "ひこばえ" を守るためなのね。

○木を伐った後、切り株を残しておくと…
○"ひこばえ" が芽を出す。

Copse

○根元近くから伐ってしまうと、芽生えた"ひこばえ"が森の動物（シカやイノシシやウサギ…）に食べられちゃう。そこで動物たちの頭の届かない高さで伐るのね。こうやって幹の途中から伐った木から再び枝葉を伸ばした木のコトをポラード（Pollard）と呼んだ。

☆工業が発達すると、その燃料として森の木はハゲしから伐られた。製鉄業なんて、鉄鉱石を溶かすのに莫大な量の木炭が必要なのね。石炭が代替燃料になるまでは。
製鉄業に限らない。工業としては初期的なガラス業だって大量の燃料が要るし、造船業だって大量の木材が使われてるのである。
かくして、伐りスギはオークの森が、中世ではバリバリ幹の森が消えていった。私たちが大航海時代以前のヨーロッパ世界にこだわる理由なのよ。

○ところで。中世ヨーロッパ風ファンタ世界では御馴染みの "オーク（Oak）" だが日本にオークは生息してない（オークがヨーロッパにしかない特別な木なんじゃなく、日本の植物相が世界的に特殊なのである）。
よく "オーク樫" とか、あるいはもっと単純に "樫" と訳されるが、日本の "カシ" とは別物なのよ、ホントは。分類的にはむしろ "ナラ" の類が近いーな。

○ついでに。ゴッホの絵でも有名な "イトスギ" も日本にはないのね。
ゴッホが北欧のオランダ出身なのと、彼の絵が暗い陰々したイメージなんで、私も長い間、北方の植物だと思った。でも中央アジアから地中海沿岸地方のあたたかい土地に生息してる木でした。たぶんゴッホは南仏のプロヴァンスに住んでた頃に見たんだろーな。
ヨーロッパじゃ死を象徴する木として墓地などに植えられてるようだ。それってあのからからした姿が気味悪いから？ 日本でヤナギを幽霊と関連づけるんと同じかも。

Pollard

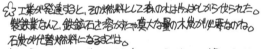

オークもち

うちのファンタジー世界の考察

かいたやつ 小林裕也

森 ②

☆ 日本じゃ森の中にもササなどの下草がうっそうと茂っているけど、ヨーロッパじゃ森の中に下草はほとんど生えない。木々にふっと養分や日光を取られちゃって、育たないのね。逆に、木が草原に種を落としても、はるかに成長の速い草に邪魔されちゃって木が育つってのはまずない。植物の世界で木(木本類)と草(草本類)は互いに争いつつ共存することはまれなのである。
日本の木と草の共存してる植物世界ってのは世界的に見てもきわめて特殊なのよ。その中にどっぷり浸っている日本人にゃ当り前の風景だけど。
もっと大事にしなさい。珍しいんだから。

○ 森と草原は上記の理由からくっきりはっきり分かれてる。

☆ いかにも"原生林"な森の中を歩くティギー。なんでこれが原生林なのかっつーと、大木の根元がトンネルになってる点。単なる奇をてらったデザインなんじゃなく、こういう木になるにはそれなりの原因があんのよ。

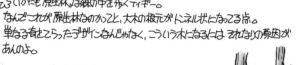

○ 老いた木が倒れると... ○ その上に落ちた種が芽を出す。 ○ それが育っていくと若木は根を伸ばし、そして倒木が分解してなくなると、上のようなトンネルになるってワケ。

☆ こういうのを"倒木更新"と云う。人工林や人の手の入ってる自然林(里山)では見られない世界なのである。
とはいえ、作者の母校の小学校の裏山にもこーいった松の木はあったけど。

☆ さて、ファンタ的に見て、こういう森に精霊力は豊富だろうか?
老いた樹木の精霊はいるだろうが、それ以外の精霊はいろいないかも。
古い森ってのは老いた木が独占してて新しい生命の受け入れを拒否するものである。
そーいった森には動物さえ棲みにくいのね。
むしろ、適度に人が入って絶えず世代更新させている"里山"のが動物たちも棲みやすい豊かな森になり、精霊の種類も多いだろう。

あのー、木がないんだけど? わしが知るか!

古い木の精霊は頑固者である。

うちのファンタジー世界の考察
書いたヤツ　小林裕也

■スカイツリー

❀ あー、まー、説明するまでもなく、名前からの発想ですんで、なんのアイディアもありません。あ、いや、これから考えますんで。

❀ どこぞの世界の、偶然に根が上がった"飛行石"のせいで空に浮いちゃってる巨木、ではない。自力で宙に浮く種として存在している植物、て設定である。ハードルあげるようなコトを…

❀ 何故に木が空に浮く？いちばん苦しい所ですな（でも、それをあれこれ考えるんが楽しくもあるんだが）。以前作った"風魚"みたいに超都合主義な、とっても軽い気体、を体内で生産して浮いてる、てコトにしちゃおうか。んじゃ、どうやってそれを生産してる？植物だから、やっぱ光合成なんだろなー。普通の植物が葉緑素で光エネルギーと水と二酸化炭素を使って有機物と酸素を生産するのに対し、こいつは有機物と"とっても軽いガス"を作ってるのである。生産したガスは葉や枝の細胞中に蓄えられ、自分自身の浮き材にしているのであった。て設定はどないだ？

❀ 木は雨とか空中に浮遊してる微細水粒（要するに雲だ）を根から吸収。より多くの水を吸収できるよう、ヒゲ根の密生した細い根が無数に生え、太い主根はない（幹を支える必要ないから太い根は退化しちゃった）。マメ科植物みたいに根粒菌共生させて、チッ素固定してるのもアリかも。
リンやカリウムはどうする？自身の老廃物や枝の中に棲んでるトリのフン利用しますか？

…なんかバルンガがみたいになっちった。

❀ 浮遊高度は1000〜2000mくらい。高く上がりすぎると寒さでガスを貯めてる葉が落葉して（落葉？コレの葉は枝から離れると浮いちゃうんだが）、浮力が下がり、自動的に高度調整してる。

❀ 幼木の頃は地上で成長する。親木は種を地上に落とし、幼木は体内のガスが増えて浮力が充分になると宙に進出するのである。…でも根を張った地面から引っこ抜けるほどの浮力でつか？あ、枝自ら棄てるか。

○種とも宙に浮くほどではないがガスが蓄えられてて、水場に落ちた種は水面に浮かびながら発芽する。ホテイアオイやウキクサみたいにぷかぷか浮かんで育ち、ある程度大きくなると空に上がってく…。うん、これ決定。

❀ スカイツリーには太い幹はない。木が幹を伸ばすのはライバルより高い位置に枝葉を茂らせて光を独占しようってのが目的だから、こいつには必要ないのね。コケの木のように、根の上には細い枝が直接伸びてるのである。

○余談。上の絵描いてて、何だかクラゲが連想しちった。…空に浮かぶクラゲ？それもアリかと思ったけど、さすがにあの体を空気中にさらすのは問題ありそーだ。それにクラゲって木構造から見たら、水母なのに、空に浮くクラゲだと…"空母"？カールビンソンかニミッツか。
宙に浮くクラゲって"ゴロンボキモリたち"に出てたな。

彼らが宇宙に浮いてるのは、種をなるべくバラまくための生存戦略。と設定してもいいかも。

59

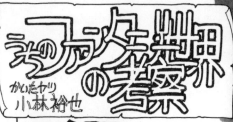

かいたヤツ 小林裕也

■ 流星雨

☆リアル世界には"オリオン座流星群"だの"ふたご座流星群"だの"しし座流星群"だの、1年の内にいくつもの流星群があんのね。

☆惑星たちが太陽の周りをほぼ円軌道で周回してんのに対し、太陽系外縁部の"カイパーベルト"で生まれる"彗星"は長楕円軌道を描く。そうなると当然、他の惑星の軌道と交叉するワケで、惑星は彗星軌道を横切るハメとなる。

彗星てのはとてももろい氷の塊のため、軌道上に小さな氷のカケラを落としていき、そこを惑星が通ろうとするとカケラは引力に引かれて地上に落ちてくる。それが地球の場合は大気とのマサツでもって燃えて流星群(流星雨)となるのであった。

その際に背景に見える星座をもって"～座流星群"てな名が付くのね。
ちなみにマイナス1等星くらいの明るさの流星でも、本体は1g程度(1円玉1枚)でしかなかったりする。

☆とまァ、リアル世界のウンチク語ったって面白くねェ。
ファンタ世界の流星雨は気象に左右されて降るのよ。
「くもり時々流星雨」とか「集中豪流星雨」とか「流星梅雨」とか「流星氷雨」とか「春流星雨」なんてな。
理屈はない。ちょっとした酒落で思いついただけで。

"星読みのクーネンマイア"

○流星観測に望遠鏡は使わないで、見はらしのいい所にフトンしいてね寝るだけ。

○英語で流星群のコトを"Meteoric stream"、フーンだと。まさに"集中豪流星雨"じゃん。

えっちファンタジー世界の考察

かいたヤツ 小林裕也

▓ 夜空の輝きは全部星

☆ もし、1000年に1度しか夜が訪れない世界があれば、夜空に輝く星々を見た人々は神の存在を知るだろう。
かどうかは判らんが、毎日夜が来る世界じゃ、人々は見飽きちゃって、星々は夜の帳に開いた雨水の漏る穴、程度にしか思ってなかった。
やがて星々の動きに法則性を発見すると、人々はそれをカレンダーとして利用した。しかし、それでも星は星であって、それ以上の正体を探ろうとはしなかった。

☆ 都会じゃ（いや、かなり田舎な町でも）見えないが、夜空にゃ"天の河"がかかってる。見たコトある人は幸いあれ。あれはかなり感動モノだぜ。神の存在を妄想するほどに。見たコトない人は自分の生まれの不幸を呪ってくだせ。
でも天の河を見たコトある人も、アンドロメダ星雲をそれだと知って見たコトある人って少ないんじゃないかなー？

ちなみにアンドロメダ星雲までは230万光年。銀河系の直径が15万光年だからすぐ近所。天文学的には。

☆ 実は肉眼でも見えるのね、アンドロメダ星雲って。なにせ、見かけの大きさは満月の直径の5倍以上あるんだから（7倍だっけ？）。
もっとも肉眼でハッキリ見えるのは、星雲中心部の星が過密な部分だけど、天体写真でお馴染みの渦巻き状の腕部は見えない（写真のは長時間シャッター開放して光量を増量してるのよ）。

○肉眼では夜空の中に不定形にボヤーっと"雲"のように見える。だもんで"星雲"と名付けられたのね。

みぃあ〜げてぇごらん〜

☆ 宇宙を漂ってる岩や氷が地球の重力に引かれて大気圏に入ってきて、マサツ熱で燃えるのが"流星"。
でも、マイナス1等星級に輝く流星でも、その実体は1g（1円玉1枚）程度しかない。10gを越えれば隕石となって地表に到達しちゃう。
これは流星がよほど明るく輝くのでも、燃え尽きにくいのでもなく、地球の大気層があまりにも薄いからなのね。例えるならマンジュウの表面の薄皮くらい？ 50kmの大気層なんて直径12700kmの地球本体に比べりゃるんなもんでしょ？

えっ、メテオストライク!!

○魔法使いは究極魔法のメテオストライクを魔王に使った！

○軌道計算もせずに自転してる地球上にピンポイントで隕石当てるなんて、できっこない…。

☆ 流星で珍しいのが"静止流星"。自分に向かって飛んでくるため、1ヶ所に止まってるように見える。2度ほど見たコトある。

○夜空に光点が現れ…
○数秒間そのまま輝いてきた。

○場合によっちゃ直撃くらってたんだろうなー。

うちのファンタジー世界の考察

かいたヤツ 小林裕也

■プラネット

☆ SFには地表全域を緑に覆われた惑星なんてコロコロいる (コロゴロってほどは多くなさそうなんで)。「スターウォーズ」のエンドアとか「アバター」のあの星(名前忘れた)とか。でも、それらはあくまで地面に植物が生えた世界なのね。

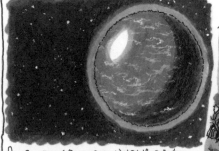

☆ プラネット(プラントプラネット)はそれどころじゃない。惑星そのものが植物でできちゃってるんだろう。地殻もマントル層もコアもない。惑星中心まで植物でつまってるんである。太陽の光がある限り、空気も水も養分も自分たちで作り出し、そして自分たちで消費している "地産地消、完全循環世界"! (いや、地球だって完全循環世界なんだが)

イメージ元は阿蘇湖のマリモと造酒屋の軒下に下がってる酒林(すぎばやし)ね。

☆ プラネットは表層部は光合成を行う葉っぱで覆われてるが、その下は幹や枝が絡み合い地下深く(地下にっ。地面そのものがないんだが)まで伸びてる。植物に日幹や根といった区別はない。幹からも水や養分は吸収できる。

互いが絡み合って補強し合い、太幹1本より体を支えられる。しかも、細い幹がたくさんある方が太幹1本より表面積が大きくなるんで水分や養分も吸収しやすい。

全体がスポンジのようにスカスカなので、光は表層だけでなく比較的内部まで届しこむだろうし、照葉樹のようなツヤのある葉っぱなら光をよく反射して、さらに深部へも届くだろう。

てな感じでいろんな植物の共生している世界——と、思ったが、星全体がたった1本の植物でできてるってのもいいかも…(植物のクローン繁殖しているのもいるし、挿し木で増殖するから、まったく別個体と見るのが問題だが)。

DNAが全く同じなら増やしても同個体。

☆ コレコレ以前書いた "世界樹" の進化形かも。きっと何億年何十億年もかけて成長してきて、この星のエコロジーは、この植物1個体だけで閉じちゃってるんだろう。緑あふれる世界なのにトリもケダモノも虫もいない…リスもサルも人間も…。なんかさみしい世界かも。

だけど、この星に他の星から動植物が侵入したりしたら、いとも簡単に生態バランス崩れて(たった1個体の世界の支配してる世界だからバランス崩すのは簡単そうだ。地球は生物が多様化して役割分担してるから崩れにくいはずなのに、それでも崩れつつあるし)、あっという間に星そのものが崩壊しそうだ。炎に打ち上げられたマリモみたいに。

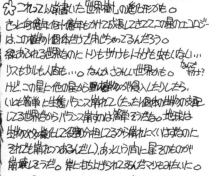

炎に打ち上げられてへちゃってて、1個のものは死んだわけじゃないんだが。

☆ 大きく成長できるだけけカあるなら、中心部らは自重で圧縮されて炭化して、鉱物の地核(コア)になっちゃうやん!」とか、「生き物の小さな頃は内から守って生きできたの?」な ツッコミは多々ありましょうが、そこは漫画の——。

「ま、ファンタジーなんだしっ」

ファンタジーならどんでも理屈こねるよ!

☆ あ、んなこんなの屁理屈でプラネットが存在するとして、ギモンがひとつ。

赤道付近と極地では太陽の光エネルギー量全然違うのに、均等にまんべんく成長できるだろうか?

○化緯度ほど成長が大きく、高緯度ではあまり成長しない…となるとプラネットはこんな形? メスプリン…?

——きっとプラネットは地軸傾斜が大きくて、極地にも光が当たるんだろう。さらに質量が小さいから公転速度が速くて "冬"が短かいに違いない! それなら全体にうまく光も当てられるぞ!!

だからあ、んな理屈こねてどうするよっ!?

え——や——性分なのよ。

書いたヤツ 小林裕也

■ **ダイソンボールプラネット**

☆ ワシってもイギリスの掃除機じゃないの。太陽系の惑星、小惑星、衛星などを材料にして、地球の公転軌道を外周とした巨大な球体で太陽をすっぽり包んじゃう。これが"ダイソンボール"。
大半が宇宙空間へ逃げちゃってる太陽エネルギーを100%利用でき、居住用地も食糧生産用地も地球表面よりはるかに広くなる、っていう究極のスペースコロニー(「スタートレックネクストジェネレーション」の中にも出てきたな)なんである。

☆ でも"ダイソンボールプラネット"は人工物じゃない。前回のプラネットが繁栄し増殖して公転軌道上をみっちり埋め尽くしちゃったら、それが合体して"リングワールド"化しちゃって、さらに増殖していったらついに恒星をすっぽり包んじゃったってな究極のプラネットなんである!

○ よっぽど条件がよかったか、大増殖しちゃったプラネット。一定の公転軌道上に集まってるように見えるのは、この軌道より恒星に近くても遠くても熱かったり寒かったりして枯れてしまうから。

○ ダイソンボール化前段階の"リングワールド"プラネット。プラネットが集まりすぎて、互いの引力で横に引き伸ばされ、個々がくっついて公転軌道上に輪っかになったのね。…ちびくろサンボ?

☆ 人工物じゃないので穴だらけ(自転による遠心力で赤道付近は密度が高く、遠心力の弱い"極"地方はまばら)。おかげで恒星のエネルギーは多少は外へ漏れ出てるようである。
プラネット以外の大地や空気はどうすんねん? と言われても一だぶん何とかなってるんだろう(遠心力で赤道付近の空気は外へ逃げてきそーだけど、赤道付近は植物密度が高いので保持できてる、て理屈はどお?)。

○ この世界には"地平線"はない(球の内面だから)。線は内側にのみ茂り、外側は根っこ(幹?)が絡み合って"極"を形成してる。
枯れた組織は分解して土になり、新しい組織の育つ養分となる。
前作でプラネットはたった1種類の生物によって成り立ってる、て書いたけど、死んだ組織を土に分解するにはバクテリアは必要だな…。
しかし、プラネットができるのに数十億年かかるって書いたのに、それがダイソンボールに成長するには、いったいどんだけかかるんだ?
数百億年? —宇宙の年齢よか長いやん!!
きっとダイソンボールプラネットは、この先の未来に現れる生物なんだろう。
…って、それでも無理あるぞ! 恒星がそんなに長生きできんのだから。
あれー、えらい基本的なとこでつまずいたぞ、困った困った。
そうだ! この宇宙は"ビッグバン宇宙"じゃなく、"定常宇宙"なんだ、きっと!
—ま、ファンタジーなんだしっ!

○ 定常宇宙: ビッグバン宇宙論以前の、宇宙は永遠不変だって宇宙論。作者は好きだ。

うちのファンタ世界の考察

かいたヤツ 小林裕也

■ウマ ①

☆ 日本じゃウマをペットにしてる家庭なんてまれである。ウマに接する機会なんて、せいぜい観光牧場の乗馬体験か、競馬場でもって見物する程度である(学生は馬券買っちゃダメよ)。日本人にとっちゃ縁遠いためなのか、TRPGで移動する際、ウマや馬車を使わず徒歩で移動したがるPC多いのね。(値が高いってのもあるだろうけど)。でも、TRPGじゃセリフだけど実感湧かないけど、"目的地まで2,3日"なんて距離、徒歩で移動すんのって、リアルに考えりゃすっげーしんどいぞ!

☆ "馬車で移動する"ってのは、別の意味でリアルに考えると変な光景だよなー。完全武装の冒険者パーティが荷馬車の荷台にうじゃうじゃ乗り込んで移動してるのって、何かカッコ悪くね? だからって乗合馬車ってのも似合わん気もし。

コレってすっごく ダサっぽくねーか?

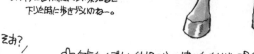

お客さん ウマで来たね

○バイクでも1時間くらい乗ってると下りた時に歩きづらいのね。

☆ ウマを敬遠する他の理由に、"乗馬技能"ってのもあーだ。ウマを意のままに操るのってそれなりに高等技術だろうし。他には"かさばる""足手まとい"ってのも。徒歩でなら移動できるぞ、ウマじゃ通れないような場所(崖登りとか丸木橋とかい)あったりすりゃ困るだろうし。SW2.0の"騎獣状態縮小の札"(ポケモンボール?)って、PCにゃありがたいけど。でもま、そゆアイテム出さにゃならんほど、みんなウマの扱いに困ってるんだろーな。

☆ 何気なくデカい体格のウマ描いちったけど、現他の乗用馬の代表格であるサラブレッド種は100年程度の歴史しかないのね。それ以前の代表的乗用種はアラブ種だった(サラブレッドの原種)。その他にはポニー種。ポニーってペット用矮小種のミニチュアポニー連想しがちだけど、この種にはバリエーションが多く、日本馬もそうだし、アラブ種と体格のほとんど変わらない"世界一美しいウマ"と呼ばれるフランスのカマルグ種もポニーなのよ。

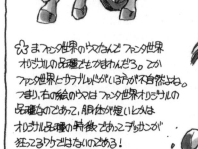

☆ まぁファンタ世界のウマなんてファンタ世界オリジナルの品種でもかまわんだろう。てかファンタ世界にサラブレッドがいる方が不自然よね。つまり、右の絵のウマはファンタ世界オリジナルの品種なのであって、胴体が短いとかはオリジナル品種の特徴であってデッサンが狂ってるワケではないのである!

こーゆー"逃げ"をやるからファンタ世界で薄っぺらに言われるんだろーな。

○オリジナルついでに毛色もオリジナル。シマウマっぽいけどね。でもシマウマってロバに近いんでこんなスマートじゃない。

うちのファンタ世界の考察
かいたヤツ 小林裕也

○こんだけ背が高いと乗るのは大変そーね。

ウマ ②

☆現在は農耕馬と呼ばれるが、昔は"重輓馬(ばんば)"と呼ばれてた馬種がいた。ペルシュロンやブルトンやシャイアーといった大型種のウマである。
体高(肩までの高さ)2m近く、体重1tを越す馬種で、機械のトラクターが出現するまでは軍隊で大砲など重量物を牽引するのに使われていた。
今はほとんど用途はなくなったが、北海道じゃ"輓馬レース"用のウマとして、まだ飼育されてたりする。

☆で、そんなデカ馬がなぜファンタ世界に登場するのかって? これらの大型ウマは中世な時代にはフルアーマーの騎士を乗せ、自らも甲冑を着込んで戦場を駆け回る軍馬だったからである。
要するに、普通の乗用馬(アラブとかポニー)じゃ、人間だけで100kg以上、その上、甲冑馬具がこれまた100kg以上、全備重量300kg近い荷を載っけて走れるほどタフじゃないのね。
もっとも右のような重装甲は馬上槍試合(トーナメント)用の装備であって、戦場用じゃない、らしい。戦場用の甲冑馬具は、もっと軽装だとか。

○この手の装備って、上にサーコートはおってるからよく判らんのよ。

☆ま、サラブレッド同様にファンタ世界にペルシュロンやブルトンといった品種がいるワケじゃあるめぇ。でも似たような種はいても構わんだろう。農耕用になるんなら乗用より重輓っぽいし。案外、"乗合馬車"用のウマはこのタイプかも。農耕用は乗用にも使えるが、乗用は農耕用には使えないだろうから。
大は小は兼ねる、てね。

○フルアーマーの騎士がまたがるには大変どーじゃない?
従者が手伝い、踏台を使って乗る。
落馬したらどうする?
大丈夫。再乗馬どころか、起き上がるコトもできませんから。

○"ランスチャージ"で突進して突き刺すのはいいけど、その後そんな取り回しの悪そーな槍どーやって抜くんだ?と思ったら、一度の突進の後、あっさりと捨てちゃうんだと。
そして後方に戻って新しいのを装備し直して再突撃するんだーな。

○馬用ヘルメットをチャンフロン(chamfron)。馬用胸当てをポイトレル(poitrel)と呼ぶ、そーな。
かなりマイナーなコトばらしく、そこら辺の辞書には載ってないぞ。

↓ウマのもサーコートって言うんかな?

65

Culture

文化・生活

　都市や建築物から食糧事情、ひいては戦争や伝染病など、広範なテーマを扱っています。本書の中心となる部分といってもいいでしょう。

　亜人のところでも書きましたが、「社会生活をどう行っているか」を設定するのは、ファンタジーにおいて非常に重要です。海に接していない土地では海産物が貴重品になるでしょうし、雨ばかり降る土地では、食物もよく育たないでしょう。そうした場所に人が暮らすのはなぜか。貴重な何かが採れるのか。そうした設定を何重にも考えることが、ファンタジー世界に厚みを与えます。

うちのファンタジー世界の考察

かいたヤツ 小林裕也

ファンタな普通の都市

☆ 毎度おなじみの私のいつものマップイラストであるけど、これで何を言いたいのかっつーと……。
都市が1つあると、その外にはこれくらいの農地が広がってるってコト。都市ってのは大食らいなのよ。
都市住民は1年中消費するけど、作物には収穫期ってもんがあって、その時季にしか穫れないのね。しかも農作物ってのは天候に左右されるから、こんなに耕地面積あっても、不作だとヤバいかも。

☆ こうした農地は基本的に王様の物であって、それを領主に貸し与え、さらにそれを地主に委託して、地主は小作農民を雇って作物を作らせるのである。そして小作農民は自分の取り分以外を地主に納め、地主はそれを売った金の一部を税として領主に納め、領主はその一部を王に上納する。実際はもっと複雑だろうが、ファンタ世界ってコトで(逃げた！)。

☆ 封建社会の中世ヨーロッパでは小作農ってのは"農奴"だった。彼らには自由はなく、一生を領主や地主の元で働かされ、転職は許されなかった(時には結婚さえも)。でも、そこまでリアルにしちゃうとファンタ世界にいるロマンジュン皆しちゃうんで、ファンタ世界の農民は普通の小作農ってコト。

☆ 戦時には農民も駆り出される兵士だが、平時でも兵士をやってる職業兵士、もいる。彼らは城の警備、都市の治安維持の任につく。
その任地は都市の中でも、シフトで当直の兵以外は都市の外の兵舎で寝起きしてる(数百人もの兵士、都市内では飼っとく場所ないから)。緊急事態には兵舎からおっとり刀で駆けつけるんだろうな。

☆ 前に市場でミルクを売るかどうか書いたけど、ミルクは毎日、その日の朝に搾った新鮮なのを荷車に載せて町で売り歩く、んだろうな。
売れ残ったミルクはバターやチーズに加工して市場で売る。

○ 中世ヨーロッパの地方都市の風俗をリアルに描いてる映画は「ブラザーサン・シスタームーン」。あれの舞台は13c初期のイタリア中部都市アッシジ。

うちのファンタジー世界の考察
かいたヤツ 小林裕也

◼ キノコ都市

☆ 1年中雨が降ってる世界(地域)では人々はどんな文化を持ってるだろう？—と考えてみて、思いついた一つが"傘のある町"。(町全体を巨大な天幕で覆ってるのも考えたけど、ビジュアル的に面白くなかった)。

町の要所要所に塔を建て、枝打ちを張り出し、布を張って雨をしのいでる。

ただし、傘で覆ってるのは人々の住居じゃなく"畑"ってトコがミソだ。

☆ 農作物は水がないと枯れるが、水が多くても"根腐れ"をおこす。

雨ばかりの世界で農業をやっていくには水の量を減らさなきゃなんないのである。

でも、畑のウネの上に直接に屋根を被せたんでは日照量が問題になる(雨天でも日照はあるのよ。雲ごと雨量かなり減るけど)。

そこで高い塔を造って出来るかぎり高い位置に覆いをかけることで雨水は減り、光は横から入るようにしてるのである。

って設定だ。

☆ イタリアの古い町にも、塔だらけの町があったよね。モデルはあれ。

昔はまともと農業のできない貧しい地域だったのだが、誰かが塔を建てて傘を張ってみたら上手くいって、皆が真似して塔を建てはじめたのである。

かつてはもっと林立してたのだが、あまり隣接しすぎると光も遮られてしまうコトに気付き、現在は適度に間を空けて傘を広げてる。もっともらしいよね。

☆ でも…、水に強い品種を作ると、塔を造るのとどっちが楽だろう？

うーん。年中雨の降ってる地域であれば品種改良以前に"根腐れ"しない植物は自然淘汰されちゃってる気もするなぁ。

○水に強い作物…？

コメはは無論オッケーだ。ダイコンやイモなどの根菜類も大丈夫だろうな。水耕栽培するやつは大丈夫かも。

あとは、レンコン、ジュンサイ、ワサビ、クレソン(嗜好作物であるジュンサイやワサビやクレソンなら高値で売れそーね)。

あ、キノコなら木がなくても地がなくても育つぞー。そもそもこの町が"キノコ都市"なんだから相応しいかも。

70

うちのファンタジー世界の考察
かいたヤツ　小林裕也

■漂流都市

☆以前に書いた"徘徊都市"の水上版で考えたんだけど、クジラや巨大海がめの背に載っかってるとか"ひょっこりひょうたん島"的浮島ってのはすでにやられちゃって面白くない。
で思いついたのが"巨大人工浮島"。メガフロート?

☆最初からデカい浮島を造ろうとしたんじゃなく、結果的にデカくなっちゃった浮島。
サルガッソー海域のような風や海流の吹きだまりの海域に迷い込んじゃった船の乗員たちが漂流生活の居住性をよくしようと海域に乗り捨てられた難破船を集めて解体して、それを材料に船の上にプラットフォームを造り、その上に家を建てちゃった。
それが1隻、また1隻と増えていき、いつしか都市になっちゃった、な設定。
その後、吹きだまり海域からは脱出したものの、世代を経るうちにその環境に慣れてしまって、けっこう住み心地がいいんでそのまま暮らしてるのであった。
元々は帆船だが、合体して巨大化するに至って船としての機能はなくなり、暮らしてる人々も世代交代してろくに操船技術を忘れてしまい、風の吹くまま潮の流れるままに洋上を漂っている"都市"なのよ。

☆この都市の経済基盤は漁業。たとえ生物相の希薄な大海原の真ん中であっても、この都市自体が漁礁になってくれるから魚は獲れるだろう。もしかすっと養殖漁業やってるかもね。水は天水に頼るしかないが、けっこう面積広いからそれなりの量を貯えられそうだし。木造なので少々の水は沁みる、下の船内に貯えられる。その防水だし。
洋上航海をする船にとって水や食料はシビアだから、"漂流都市"に出会えば交易してくれるだろう。美味いが鮮度の落ちやすいカキとか、食料以上の価値のある珍味とかを養殖してればモアベター。

☆でも、自力での航行が無理となると、嵐とかに出会っちゃうと強風によって陸地に吹き寄せられて座礁してしまうかも。
そうなると、こんだけデカいのを引き離すのは困難っぽいから、結局はどこかの国の沿岸都市になり下がっちゃうかも。
海に生きる男たちもいつかは陸に戻るのであった――てな?

○ただの水上都市になっちゃった漂流都市。

うちのファンタジー世界の考察
かいたヤツ 小林裕也

■空中都市

☆たとえば"空中都市008"(古いか？昔そんな小説があったのよ、小松左京氏の。NHKで人形劇にもなったし)。
でもあの"空中都市"って、都市が空中にフワフワ浮いてるワケじゃないのね。地面から離れた人工的な高台を造って都市が建設されてるだけなのよ。
そんなん空中でも何でもないやん！ツッコミもありましょーが、インカの空中都市マチュピチュも古代バビロンの空中庭園も同じよーなものなのであった。

☆しかし、それじゃファンタジーとして面白くない！
やはり"空中都市"っつーからには空にプカプカ浮かんでてほしい、と思うのが人の業じゃない。
幸いなことに"うちのファンタ世界"にゃ"浮遊岩"って理屈もへったくれもないファンタ的御都合主義アイテムがある！
これを使えば、空のよーにぽっかり浮かぶ"空中都市"がいとも簡単に造れちゃうのであった！

☆けど、都市を宙に浮かせるって根本的問題はクリアしても、うちのファンタ都市にはそれ以上に重大な問題が！
どーやって(どこで)経済活動しとんねん？てな。
空に都市が浮かんでる光景はファンタジーかもしれんが、ファンタジーだけじゃ人はメシを食っていけんのよ。

以前作った"浮遊城"なら、王様とか金持ちの道楽みたいなもんだから、コストがかかっても下界から水や食料運ぶだろうけど(住人数も少ないし)、都市となれば数百人数千人分の水や食料をいちいち運び上げるのってとんでもないコストと労力だぞ。

☆で考えてみたそれらの問題を解決できそーな"空中都市"。
浮遊岩を塔でつないでいるんで、塔を使って人々の昇り降りが自由にでき、食料や水も簡単に運び上げられる。地上とは恒常的につながってるんで経済活動も問題なーし(昇り降りが多少はしんどいかもしれんが)。
なにより、風に流されて浮遊岩がどっかに行っちゃうってコトもない！
それに、リアル世界の空中都市、空中庭園に準じた構造でもあるし。ファンタ派からもリアル派からもクレームつけられにくいんじゃないかなっと。
別名"串刺し都市"。

○普通なら構造的にもちそーにないけど、高台(バルコニー)部分は重力を相殺された浮遊岩なんで強度的には大丈夫。たとえ塔が崩れてもバルコニー部分が落っこちてくるコトはない。どっかに流れてっちゃうだろうが。

○なんぜとなんか階層社会っぽいな─。
支配階級は一番てっぺんに住んでそうな…。

かいたヤツ 小林裕也

■トロピカル都市

☆旧ソードワールドのガルガライスみたいな、南国の都市造ってはどうかな、と書き始めて2コマで、ふと気付く。
ティオティワカンやアンコールワットやボロブドゥールみたいに熱帯のジャングルの中に建っている遺跡ってあるけど、あれってどれもこれも宗教施設(神殿・寺院)じゃん。
都市じゃないのね(王城とさえない)。
だもんで装飾が過剰で、見た目はきれいでも人々の生活臭ってもんが全然ないのね。

☆なぜ都市遺跡がないんだろ？と考えてみる。
神殿や寺院はおりがたさを出すために石で造るが、人々の住家は木造。
だもんで早々に朽ち果てちまって遺跡として残らない——ってのが穏当な考え方だけど、それ以外の可能性も思いついちゃった。
もしかすると、南国じゃ"都市"ってモノが必要ないんじゃないか？と。

☆都市ってのは人々が経済活動をするための集合体。
でも自然豊富な南国じゃ、人々はあえて経済活動しなくたって生きていけるのねー。
腹が減ったら海や森に行って魚介や果実を自分で採ってくるべし、ちざち出かけなくても家の周りにヤシの木数本植えとけば十分に食っていける。
服だって常夏だからあんまり必要ないし、要る場合でもヤシの繊維とか織って自分で作れちゃう。
家とか建てるにも人手要るから最低限度の集合体はできるだろうけど、都市と呼べるほどの大規模集合体は造る意味ねーんじゃね？
自給自足で他地域と大規模交易する必要もねー、道路も整備することもなく、荷車や馬車も発達しない。
衣食足りてるから心がないし、争い事もないので石を積んだ頑丈な城壁を造る必要もないのね。
かくして南国じゃ集落はあっても都市に発展する事はないのであった。

って結論しちゃうと、今回のテーマが成り立たないなー。
まあこれはポリネシアみたいな、他の地域からの侵略を受けない"島国"に限ってだろね。

☆"大都市"にやってきたティティー。住居が密集し、100名もの大人口のひしめく"巨大都市"なのである。奥に巨大な石造建築物もあるけど、この都市の住人が造ったんじゃなく、古代に別の民族が造った遺跡である。

☆ところでヤシの木ってバリエーションいっぱいあって、ほんとにヤシの木だけで生活しているみたいね。

◀ナツメヤシ
実は主食にもなる。

◀オウギヤシ
果肉や汁は食用、幹や葉は建材、繊維として利用。果汁を発酵させて酒も作れる。

ココヤシ
ココナツやココナツミルク。建材や繊維の他、ヤシ油がセッケンやマーガリン原料になる。

◀サトウヤシ
樹液を煮つめて砂糖が採れる。

うちのファンタジー世界の考察
かいたヤツ 小林裕也

■道

☆ "全ての道はローマに通じる"かどうかはともかく、ローマ帝国がヨーロッパに縦横に街道を張り巡らせてたのは事実である。
街道は軍隊を迅速に移動させるのが主目的だったが、経済流通にも利用され、その後の各地の発展に役立った。

街道は重装備の軍隊の移動力に耐えられるよう"ローマンコンクリート"で舗装され、2000年を経た現代でも現役の道も多くある。そーな。

■ローマンコンクリート。
火山灰や石灰を主成分にしたローマ時代のセメント。
現代のコンクリートの2倍の強度があり、耐久性も高いが、固まるのに1月ほどかかるのが欠点、なんだと。

☆ ま、ファンタジー世界にローマ帝国もアッピア街道もありゃしないんでどーでもいーんだが、ローマ街道はクラシカルなフンイキでファンタ世界には似合ってる上に、きわめて合理的に造られてるんで参考にしない手はあるめぇ。
路面は重い馬車でもスムーズに通れるよう石畳が敷かれ、道の両側には馬車がコースアウトしないよう石垣によるガードフェンスが立てられてる。
おかげで雨が降っても道がぬかるむこともなく、夜の暗闇でも道を外れずに安全に通行できちゃうのである。
逆に言えば、そーでない道はいろいろと不便ってワケだ。

☆ しかし、こーゆー石畳舗装道だとTRPGで"追跡"するのって大変そーね。
足跡や馬車のワダチ残らなさそーだし。
あ、でも、ガードフェンスで馬車はコースアウトできないから、方向さえ判れば追跡簡単かも。途中で分かれ道あると困るけど (ここらがGMの意地悪のしどころであるね)。

○山や丘の斜面を切り通して造った道の場合、雨が降るとくぼんだ道は"水路"になってしまい土砂が流されて凸凹になり、馬車はおろか人が歩いて通るのさえ困難な道になっちゃう。
平地の場合でも、雨水がたまって泥沼になっちゃって、路上を歩くより路外を歩いた方が楽、てなコトも。

春の東部戦線か?

○街道を行く馬は、フェンスから首の届く範囲であれば誰のせいであっても草を食べちゃってもかまわない、んだそーな。

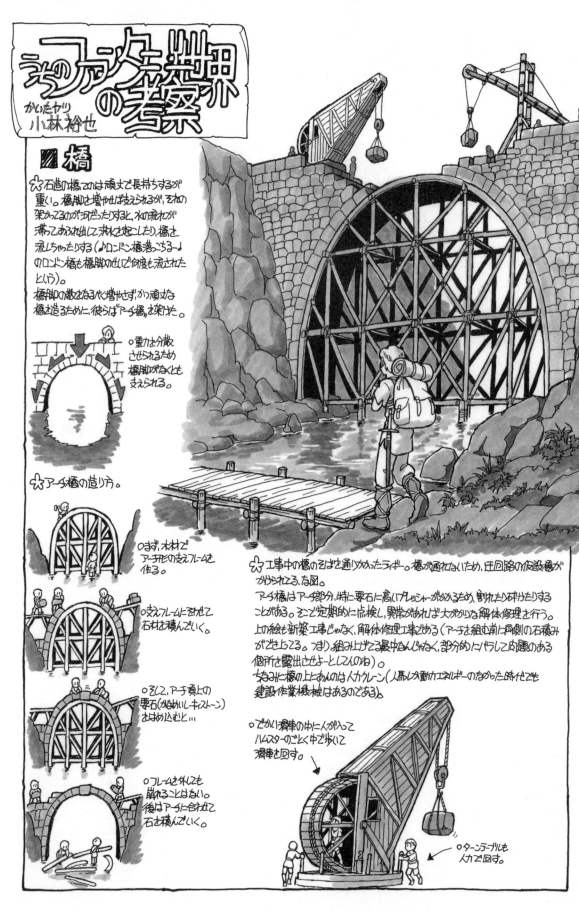

うちのファンタジー世界の考察
かいたヤツ 小林裕也

廃墟

☆ ファンタジーにありがちな廃墟なお城。
現在じゃ遺跡となって観光名所化してる城なんてゴロゴロしてるけど、中世な時代には国がほろんでも城が廃墟となるコトはほとんどなかったのね。
なぜなら、城の建ってる場所ってのは立地条件が最高の一等地。そんな土地を放ったらかしにしとくようなバカはいないのよ。城自体も大金かけて造ったアイテムだし。
戦で攻め込んで破壊しちゃったとしても、その土地の新しい支配者は、壊れたのを修理して再使用するのである。
すでに整地されてて新しく道つける必要ないし、壊れたといっても土台は残ってるし、建て直すための石材もゴロゴロしてるし、コストが安上がりなのね。
だもんで東欧の城の中には、それぞれの時代や支配者の風俗(タタールやイスラムやいろんな民族がとっかえひっかえして支配してたので)によって様々な様式が混在してるのもあったりする。

☆ —といった理由がありながら廃墟化してる城ってのは、それなりの"ワケ"があるんだろう。城のある国全体が廃墟化しちゃってるとか(ローマ時代のカルタゴみたいな)、新しい支配者がすでに城を持ってるもんだし修理してまで利用しようと思わなかったとか、あるいはここに住もうとすると祟りがあるとかな(これが一番ファンタジーぽいかも)。

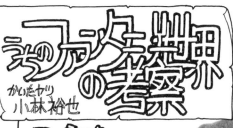

☆ まっ、呪われてなくっても新しい支配者が修理するまでの間、廃墟化してる場合もありーで、"期間限定廃墟"ってな。そういう廃墟ってまだ"お宝"手つかずだろうから、修復工事始まるまでの間に"冒険者"が大挙してやってきそーだ。火事場泥棒ってやつかな。

☆ 城の場合とは違って庶民の集落ってのは事情ずいぶん異なるだろ。
都市部はともかく、山間の集落とかだったりすると戦争や伝染病で住人が全滅したり村を離れちゃうと、元々あった荒地だったのを開墾した土地だと、手入れされなくなったとたんに雑草がはびこり、わずかな年月で元の状態に戻っちゃうのよ。
手入れされなくなると、家の木材は簡単とおちて使いもんにならなくなる。畑も雑草に覆われるわ石コロだらけになるわ、貧栄養土壌になっちゃうわで、もう一度村にして復活させるにゃ一からやり直さなきゃならんのね。

○日本の山野に自生してる葛(クズ)。ススキと並んで荒地に生える雑草(つってもススキもクズも利用価値があるんで雑草とは言いされないんだが)の代表種。
帰化した北アメリカじゃ、利用するコトがない上、生育条件が合ったのか大繁殖しちゃって、ちょっとでも手入れされない土地があるとあっという間にクズに覆われるろうな。
だもんであっちじゃ"グリーンモンスター"と呼ばれてるんだと。

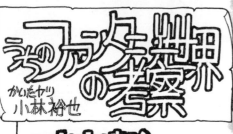

■水中遺跡

☆最近とんと聞かねーけど"バミューダの海底ピラミッド"ってどーなったんでしょ？沖縄の海中神殿、ってのもあったなー。
そういったモノの真偽はともかく、水中ってのは遺跡が保存されやすい環境なのね。
陸上だと風化しやすいし人為的にも破壊されやすいけど、水中なら風は吹かないし紫外線は弱まるし雨に打たれない。何より人がおいそれと荒らしに行けないのね。

○人はおいそれと荒らしに行かんだろうが、いかんせんここはファンタ世界なのであった。

☆地震や火山噴火による地盤沈下や地滑り、洪水による流出、はたまた神の怒りの悪魔の呪いか、水没する理由はいろいろあれど、ろ古今ただ水面上昇ってのもある。
5万年前、氷河期の終わりによって融解した陸上の氷が海に流れ込み海面が上昇してスンダランドやベーリング陸橋が水没した。
1万年前、ボスポラス決壊で淡水湖だった黒海が海となり水面が150m上昇した。
1971年、エジプト、アスワンハイダムにより多くの古代エジプト遺跡が水没した。
そして現代、地球温暖化によってツバルやキリバスなどの島々が沈もうとしている。
こうした水面上昇による水没は建物などがそのままの形で水没するんで考古学者やジャンクハンターにとってはおいしいのね。調査、探索はしやすいで。

☆木材なんかは水中だと腐っちゃうもんだけど、場合によっては例外もあんのね。北ヨーロッパの湖では、古代の陸上建築の柱などがそのまんまの形で残ってることがままあんのね。

☆ファンタ世界なら、水没したんじゃなく最初から水中に造られた建造物ってのもありうるだ。マーメイドやギルマンとかの（彼らが物質文明を持ってるのであれば、だが）。水中のが浮力働くから巨石文明も築きやすーだした。

○雨が降らないから屋根は要らない。
風は吹かないから壁もない。
泳げるから階段も必要ない。

…魚礁？

うちのファンタジー世界の考察

かいたヤツ 小林裕也

■野宿

☆冒険者たる者、空の下が全て我が家。ベッドで寝ようとは望むなかれ。とまではいかずとも、彼らに野宿は付き物である。
行く先々に町や村などがあるワケじゃなく、あったとしても宿屋があるとは限らない（宿があるのは人の往来の多い街道沿いとかだろな）。
よって彼らは青天井の下で寝るしかないのである。

☆野宿っつっても、いちいちテントは張らない（雨が降ってりゃ別だが。テント張るのも面倒だし）。
でも敷きフトンつか、地面にシートは敷く。地面で寝てると湿っぽくて服が濡れるし、草のチクチクはウザいし、アリとかの地上棲の虫にたかられるから。
また、眠ると体温調節できなくなるから、毛布くらいはかぶった方がいいだろね。夏場だと蚊などの吸血昆虫が寄ってくるから、それを防ぐ目的としても。"防虫布" ならばEEPベター。

○防虫布。シロムシヨケギク（ジョチュウギク）の乾燥粉末を溶いた水に浸けて成分を染み込ませたり、クスリから成分抽出したアルコールに浸けて染み込ませた布。
殺虫できるほど強力じゃないが、寄りつかない程度には効果がある。

○クマが蚊に刺されないようにするには山の尾根や丘の上などの風通しのいい場所で寝る、そうな。

☆野宿で炊火する際には周囲の落葉や枯草は取り除いておくコト。眠る前に火は必ず消すコト。
食事の残飯（特に動物系。骨や内臓など）は穴掘って埋めておかないと、匂いに引き寄せられて獣に襲われる危険が高くなるんで要注意。
そういう場合に即応できるよう（戦うにせよ逃げるにせよ）武器と荷物はすぐそばに置いて寝るコト。
周囲に鳴子や落し穴なソのワナをしかけるって手もあるが、実際にゃそんな時間や手間のかかるコト、やってるうちに夜が明けると思うな。

☆小さな集落だと宿屋がないんで民家に泊めてもらう、って展開TRPGにゃよくあったりするが、そういう所の民家って家族が寝起きするので精一杯（以前書いた"狷念的農家"参照）。冒険者を泊めるような余裕などないと思うぞ。
"民家に泊まる"っつっても、母屋じゃなく物置小屋とか馬小屋に泊まってると考えるんがもっともらしいよな（それでも屋根があるだけマシだし。村の中で野宿はさせてもらえないだろ。ってか中でも"野宿"って云うんか？）。
「ウルティマ」でも村や町では野宿させてもらえなかったし。
考えてみりゃ、町んなかで野宿すんのって、"ホームレス"？

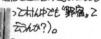

○「ウィザードリィ」で馬小屋で寝ると体力が回復しないのは案外こーゆー理由だったりして。

○冬の野宿はまた今度。

書いたヤツ 小林裕也

野宿（冬）

☆ 冬に野宿するのは愚か者である。一歩間違えば死んじゃうから。
でも冒険者ってのはやむなく野宿する場合もあるだろう。冒険すること自体が愚かだから。

☆ 雪のアウトドアで野宿するには、まず"雪洞"を掘る。
雪洞掘れるほど積もってない場合は"カマクラ"を作る。
雪洞の場合、柔らかな新雪だと崩れるんで、圧縮され固まった"古い雪"の層を掘る。

☆ 雪洞掘るより、木のウロとか洞窟がありゃそっちの方が暖かいんだが（穴掘るエネルギーも要らないし）、そういう場所には先客がいたりするのであった。

○ま、先客いても、冬眠中のクマってちょっとやそっとじゃ起きないって云うし。
ま、先客がヘビってコトもあるが…。

☆ 雪洞の中で火を熾す場合、雪の上に直接火は熾せない（下の雪が溶けちゃうから）。
熱が下に伝わりにくいよう、まずワラや枯草を敷き、その上に石ころを置いて、その上で熾す。
燃料は着火しやすく炎が大きく上がらない木炭が望ましい。これなら湯を沸かす時間肉くらいは大丈夫。
あまり長時間火をたくと雪洞が崩れるんで要注意。

○獣脂ランプやロウソクを使って手もあるが、ランプやロウソクの火で湯を沸かすは厳冬の環境じゃちと無理。
あったまるより冷めるの方が早い。

☆ ところで、"野宿"で書くこと思って忘れてた。焚火の上にかけられた"三脚"。

○十手、状の枝にリングを引っかけて固定する。

◀ 鉄製。3本の棒とフックの付いたリングとセット。

底の尖った"深ナベ"を使うにゃ必需品だろう。
2、また荷物が増えちゃったわ。しかも重そーだし。

○こうやっても使える。

ウルウラ上手に焼けましたー♪
何しとる？
はよ食え

81

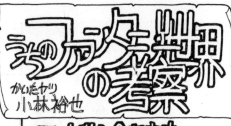

うちのファンタジー世界の考察
かいたヤツ 小林裕也

中世な食料事情

✿ 以前に「食用植物」で中世な世界の野菜事情書いたけど、あの後で新たに知ったコトも含めて、中世な世界の食料のあれこれを。

✿ ヨーロッパ原産で古くから栽培されてたキャベツだが、その原種は球にならない現代のケール（青汁の元ね）のような植物だった。とはいえ、2000年前のローマ時代には、すでに球形キャベツが作られてたらしいが。

○キャベツの球って、外に広がってる葉が内側になってくんじゃなく、球形の中心から新しい葉が生えてって大きくなるのね。だから中の葉は洗わなくてもキレイ。

○キャベツの仲間のコールラビ。茎の根元が球形になって、その部分を食べる。カブに似てるが、カブほど美味くない。

✿ キャベツ同様に古い野菜のレタスだが、球になるクリスプ型レタスは実は新しく、米国で作られた品種なのね。
本来のレタスはリーフレタスとかチシャ（サラダナ）とか呼ばれる、葉が開いたタイプ。

✿ ヨーロッパな世界じゃ野菜炒めるのにゴマ油は使わない。手まりナイフのメンテ用に押すようにして売ったりする。
肉や魚はマキ焼きを使ったが、それだってただブツ切りにするだけ。
ヨーロッパの料理はアバウトなんである。

○バカでもできるキャベツとベーコンの炒めもの。油も調味料も要らない。

✿ 食用肉はブタ肉がメイン。使役や乳製品に利用できるウシはめったに食べなかった。ここには共通だよな。
ブタ肉も生ではなく、塩漬けや燻製（ハムとベーコンのコトよ）にして保存の利くカタチにしてから食べた。
ベーコンてな加工法も歴史は古く（まぁ、暖炉の煙のこもる室内に吊るしたり、自然にできちゃうだろ）、フランスの昔話である「キツネ物語」の中でキツネのルナールがベーコン盗むエピソードあるから、11C頃には確実にあったんだろう。日本のスイパーで売ってるベーコン（モドキ）と違って、2〜3ヵ月は楽に保存できた。塩分濃度が高いので、調味料や塩ダシの元としても使えた。刻んでお湯にぶちこめばそのままスープになっちゃうのね。

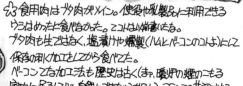

✿ 塩漬けや燻製にして保存性は高くしても、古くなればすえたにおいがしてくる。こうした肉の臭みを消すのがスパイスやハーブであるが、大航海時代以前のヨーロッパには、コショウやクローブやナツメグなんてのはなかった（あ、コショウはインド原産だっけ）。
で、それ以前の肉の臭み消しに使われたのが、ヨーロッパ産ハーブ、セロリ、フェンネル、パセリ、アニス、キャラウェイ、コリアンダー、クミン、ディル...って全部セリ科やんけ！ようするにセリの仲間はどれも香りが強いってコトね。

✿ フランスの宮廷料理に"キジの香りロースト"っていうのがあったそうな。内臓も抜かず血抜きだけしたキジを何週間もつるしておき、眼にウジがわき、尾羽根を引っぱると抵抗もなくズルッと抜けるような食べ頃だとか。消化器官の中の内容物が発酵して、その匂いが肉に染み込んでとってもおいしい"香り"になるんだと。
ちなみにこの料理、現代のフランスじゃ禁断のレシピとか。まぁ、そりゃそーだ。

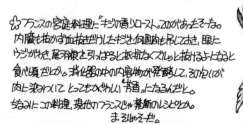

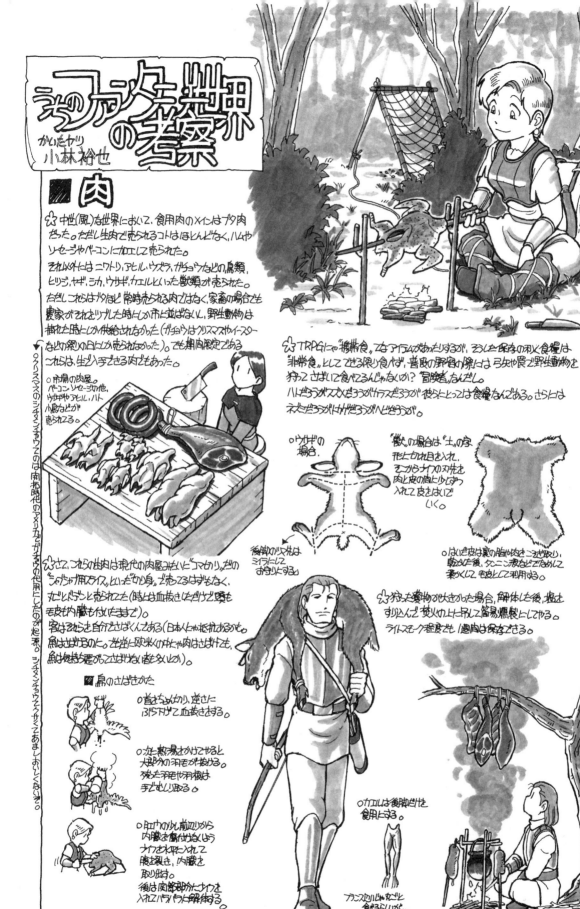

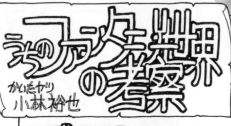

うちのファンタジー世界の考察
小林裕也

■ ディストリビューション

☆ 現代じゃ、シーズンオフで品薄になる野菜を、季節が逆の半球から運んできたり（カボチャとかブロッコリーとか）寒冷地じゃ採れない熱帯フルーツなども全世界的に流通してたりするけど、流通システムの未発達だった中世的な時代にゃそうはいかなかった。
ムギやマメなどの穀類は乾燥させれば長持ちするんで遠くまで運べるが、生鮮野菜となると遠くへは運べないんである。たとえ需要があったとしても。
荷車や馬車で運べる距離なんて、街道が整備されてても せいぜい半径50km程度（100kmは無理か?）だろう。川や運河を使えばもうちょい伸びるだろうけど、それでも生鮮野菜は収穫される地元で消費せざるを得ないだろうな、おそらく。

○川や運河で下流域の都市へ運ぶのはありだと思うけど、海上輸送で生鮮野菜を輸送するのはないだろう。海上交通は遠距離輸送がメインで、生鮮なはもたないから。

☆ 地産地消の場合、一種の"閉鎖社会"となり、その土地オリジナルの野菜が生まれるかも。"京野菜"みたいな。てんで、コレは地域独特の郷土野菜である"Breastmelon（オッパイウリ）"にとまどってるライダーであった。ああ、オッサンだなー。

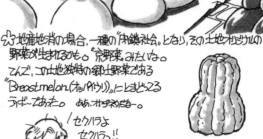

セクハラよ セクハラっ!!

鹿ヶ谷カボチャ

☆ こうした社会だと 狭い地域ごとに豊作・不作の差が出るろうね。前述のように主食である穀類はなんとかなるだろうけど、生鮮野菜の価格は地域間で大きく変動するかも。

なんで キャベツ1個が 1000ボルもすんのよ!?

山形こうじゃ 100ボルだったよ!!

だったら 山形こうじゃ 買ってくりゃ よかんべ

オオばさんから 高いのよ

☆ でもここは中世風じゃあっても ファンタジー世界なのよねー。家畜ワイバーンとか使えば遠距離輸送で生鮮もの運べちゃうんである!
ああっ! ここまでダラダラ書いた中世流通ネタ、自分で崩壊させちゃうぜ!

図らずも 騎乗ワイバーンの軍用以外の使い道ができちゃったわ。

うちのファンタジー世界の考察
かいたヤツ 小林裕也

■本

☆ RPGみたいな中世風でファンタジーな世界じゃ、町に図書館とかがあったりする。ま、全てじゃないけど。

でもさ、日本じゃ寺小屋の制度で中世(江戸時代だか)の頃から身分に関係なく教育受けられたけど、ヨーロッパじゃ庶民が教育受けられるようになるのって近世(19c)になってからね。そんな世界で町に図書館造ったとて、誰が利用すんねん？

ファンタジー世界なんだからフンイキは中世でもそういった教育制度の充実した世界なのよ、ご都合な設定はナシな。
そもそも子供に教育受けさせようって発想は、経済や文化が発達して人々の生活に余裕がなきゃ考えやしないもんであって、そのためには農業が発達してて、それを裏付ける工業や交通や情報伝達といった全体的な文化も同様に発達しなきゃならんのよ。でもって、これは中世じゃなくなってるのね。

いささか脱線したけど、要するに中世ヨーロッパ風世界に図書館があるってのは、シャーロックホームズ世界に飛行機が登場するくらいにムジュンしてるってコト（←たとえが変。いや、昔そーゆーアニメあったもんで）。

☆ ーで、冒険に関する情報を図書館で検索しようとしてるライダーでございい。
図書館ったって市民が利用できる施設じゃなく、貴族とか大商人の個人コレクションなんだろう。この時代(っていつやねん?)の本って、金持ちの道楽だもん。

○昔の本は綴じられてなかった。1ページずつバラバラなのと散逸しないよう表紙(表板?)で挟んだだけのモノだった。ベルトでしばってあるのは、他人に読ませなくするためじゃなく、ページがバラけるのを防ぐためなのね。

○本が普及してからも巻物(スクロール)は長く残ってた。
元はパピルスだったが中世のは羊皮紙(パーチメント)製。
公式文書の保管用として使われてた、そーな。

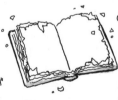

☆ 昔の修道士の仕事のひとつに"写本"ってのがあった。
15〜16世紀と頃からヨーロッパでも生産されるようになった"紙"だが、ヨーロッパの紙ってのは木のチップを酸で溶かしてすぐに作る"酸性紙"。だったため、紙の中に残留してる酸のために年月が経つと焼けてボロボロになる。劣化した古い本を新しくするのが目的だったのね。

○酸性紙ってのは経年劣化で炭化して、パリパリ割れるわ、どんどん黒ずむわで、せいぜい100年程度しかもたないのよ(中性紙である和紙は1000年以上とか)。
ちなみに羊皮紙もほっとくと乾いてパリパリになっちゃう、のよ。

○ところで、電子書籍って、けっこう端末重いぜ! あんなんで小説読む気にゃなれんな。
もっとも、D&Dのルールブックやサプリ全冊持ち歩くよりは軽いだろーけど。
(いや、マジ第3版D&D、欲しいぜ!)

かいたヤツ 小林裕也

カード

☘ カードゲームと云やトランプ(本来は"切り札"の意味)。タロットや花札ってのもあるけど、汎用性の高さじゃ及びもつかない。
でも、ファンタ世界なんだからトランプをダイレクトに出すんじゃ芸がない(芸?)。
だからってオリジナルのカードを一朝一夕で設定するのもちとしんどい。トランプだって長い年月かけて熟成されてできあがったモンだしね。
でも、見てくれだけファンタぽくしたカードなら作れなくはないだろう。

○オリジナルなカードゲーム。

☘ ファンタ世界っぽいカードにするにゃ、まずはカードのデザイン。
タロットのようなタテ長い形ってて高級っぽいけど異世界ぽくね? でも、リアル世界のトランプ型が取り入れられないのは、使いにくいから? それともイラストレーションで決まっちゃってる?

○三角や丸ってのも見るからに使いにくそうね。角のアールを大きくするってのはアリかも。レモンぽくて。

☘ ♠♥♣♦をオリジナルなシンボルマークに変えるのは簡単でアリかも。東西南北にするとか地水火風にするとか、春夏秋冬にするとか。

☘ ところで、紙の貴重な中世な時代、カードって何で作られてたんでしょ? 革? 木の板? どっちもあったらしいけど53枚もあるとかさばりそうね。

厚重ねのパピルスなら使えそうかも。

☘ 冒険の後、稼いだ金でカードゲームに打ち興じるパーティーたち。冒険者ならヒマ潰し用にカードセットくらい持ち歩いてるだろう。でもTRPGでのPC所持品の中に"カード"ってあったっけ? なに自由するほどいろんなゲームやりこんでねーけど。
所持してなくても酒場に備え付けてるかも。
もっとも、PC同士で金のやりとりしても あまり意味ないが。

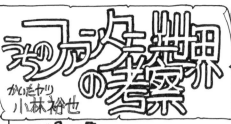

かいたヤツ
小林裕也

■海賊

☆「海賊」って〜と大海原のド真ん中で船を襲って"お宝"を強奪する、ってイメージがあったりするが、それは"大航海時代"以後の海賊ね。
それ以前の海賊ってのは、船じゃなく都市を襲うことの方が多かった。
都市は船よりお宝多いし、飛んだりして逃げられることないし、むくつけきヤローしかいない船と違って女もうじゃうじゃいるし。

○バイキングなんぞは沿岸都市ばかりじゃなく、河を遡って内陸都市まで襲ったそうな。
時には船を担いで山越えまでしたとか。

☆大砲なんてない時代だから、間接攻撃にはもっぱら弓矢。場合によっては、火のついた"油玉"なんてのも使われる。
で、相手がパニクってる隙を突いて乗り込み近接戦を挑む、って図式だ。
でも積荷だけを奪うなんてコトはしない。船ごと奪っちゃうのである。船そのものが高価な"お宝"なんだから（乗員を放り出すかドレイにして連れてくかは、その時によるね）。
奪った船はどうする？海賊仲間としてリサイクルするか、売りとばしてひと儲けするか。
あるいは現代のインド洋の海賊みたいに、船そのものを"人質"にして身代金取るってパターンもありかも。

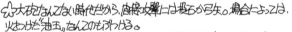

☆そもそも、海の真ん中で船を見つけて襲撃するなんて、よほどラッキーじゃないとできないのよ。
見張り台から水平線近くに船を見つけた場合、距離にして2〜30kmは離れてる。風を動力としてる帆船は逃げる側も追いかける側も同じ風を利用してるワケで、よほど船の性能に差がない限り、この距離を追いぬくのはまず無理なのねー。
地中海のように沿岸航海で航路が大体決まってる海域なら、島や岬の陰に隠れて待ち伏せるって手もあったりするが。

で、「船を襲ってこそ海賊！」とか「都市を襲うなんて海賊らしくない」って偏見持ってる人も多い（ってか、むしろ多いだろな）ので、以上の理屈はさておいてうちのファンタな世界の海賊たちは船を襲うってコトにしちゃいましょ。
作者もそっちが好きみだし。

ジョリ-Dジャース

89

ダンスリーの某小説の冒頭部のイメージ。

うちのファンタジー世界の考察

かいたヤツ 小林裕也

■戦争

☆戦この花形とかは"騎士"であるが、実際の戦力は最も数の多い"一般兵"である。

しかし、大勢の一般兵を平時にも雇ってるのは不経済であり、彼らは有事の際にのみ雇用するアルバイトなのね。

そして、そうした臨時雇いの一般兵になる者とは最も人口の多い農民だったりする。

ところが、農民てのは国の経済基盤の農業従事者であり、彼らを取り出すと農業が立ち行かなくなり、国の経済を圧迫し、結果、国は自分で自分の首を絞めるコトとなる。

そこで、農民がヒマな時期(農閑期)にのみ戦をおこなって経済に負担が出ないようにした。

つまり、戦は作物の収穫の終わった秋の終わりから、翌年の作物の種まきの春の始まりまでの間だけ行うのね。

これなら経済を低下させず、なおかつ農閑期の農民たちの雇用対策にもなり、一石二鳥なのであった(もっとも、働きすぎが戦死しちゃうと結局は経済低下になっちゃうんだが)。

たぶん中世時代には農民は"出稼ぎ"気分で戦に行ってたんだろうなー。

戦場となる町や村で略奪とかかすりゃ、さらに臨時収入があるだろうし。戦争に正義なんてものは無いのであった。

☆そした都合は敵側も同じなので、両軍は戦の開始前に話し合いをして戦の開始日、終了日などを取り決める。春になって終了日になれば、どんなに勝ち戦であっても兵を引き上げる。

当然、1シーズンだけで決着がつくコトはまずなく、しかも次のシーズンは戦力を立て直してるだろうから、結果として戦はその年、時には何十年も続くハメとなる。

☆取り決めは、戦の開始時刻から終了時刻、食事やお茶(茶はまだなかっただろうけど)の休憩時間、夜討ちはしない、雨天は中止、捕虜の身代金額などなど、事細かに決められたとか。

この場合の捕虜とは貴族に限られる。

平民である一般兵は捕まると即殺され、金品を奪われちゃった。

合戦は10時から5時までな。雨の日は中止ってコトで。

午後の2時はティータイムで休憩。バナナはおやつに含めないってコトで。

☆一般兵(農民兵)は武器は支給されるが防具はなし。普段着のまんまである。武器っつっても槍かショートソード程度。なので彼らは戦死者から装備をはいだり村むらを襲って略奪して各自調達した。

☆騎士とかは"騎士道"てな規律があったが、一般兵にはんなもんビタ一文なかった。むしろ、彼らにやる気を出させるために"略奪権"なんてのが与えられていた。

"強姦権"なんてのも…。

おーこいつ姉ちゃん持っとるぞ

あ、このクソ新品やんけ!

…ファンタジーもったくれもねーな。

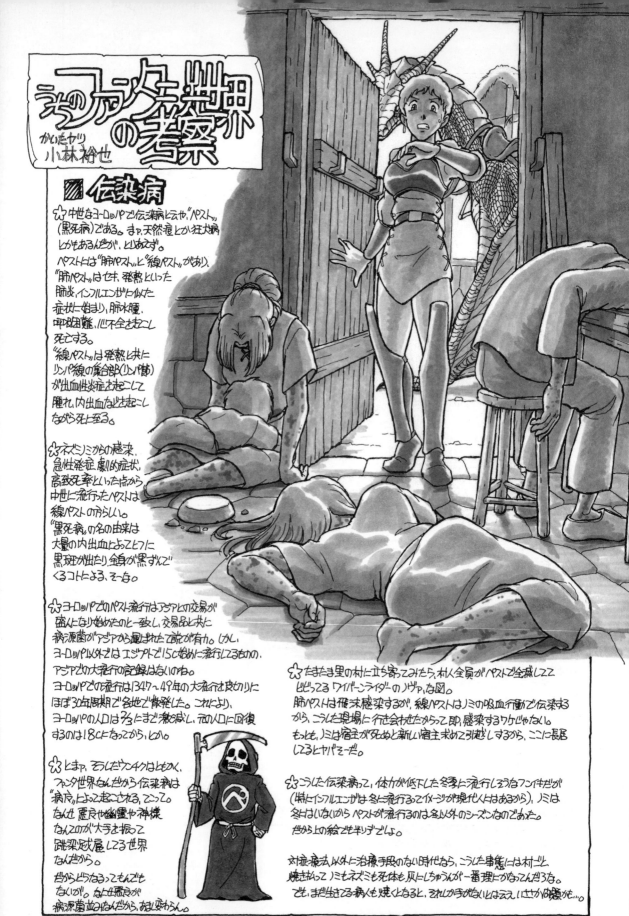

Vehicle

乗り物

　乗り物……といっても、ほとんどが船です。作者の船への興味は（ワイバーンへのそれと同じほど）尽きないものがあって、今回ついに「難破船」や「幽霊船」にまでその範囲が広がっています。

　この本は普通に読んでも楽しい内容となっていますが、こうしたひとつのテーマをとことん掘り下げる姿勢も、また参考になるのではないでしょうか。

　馬車はどうして馬が引っ張っているのか。ファンタジー世界であれば、別の生物が引っ張る車があってもいいのではないかなど、そうしたことを考えても面白いでしょう。

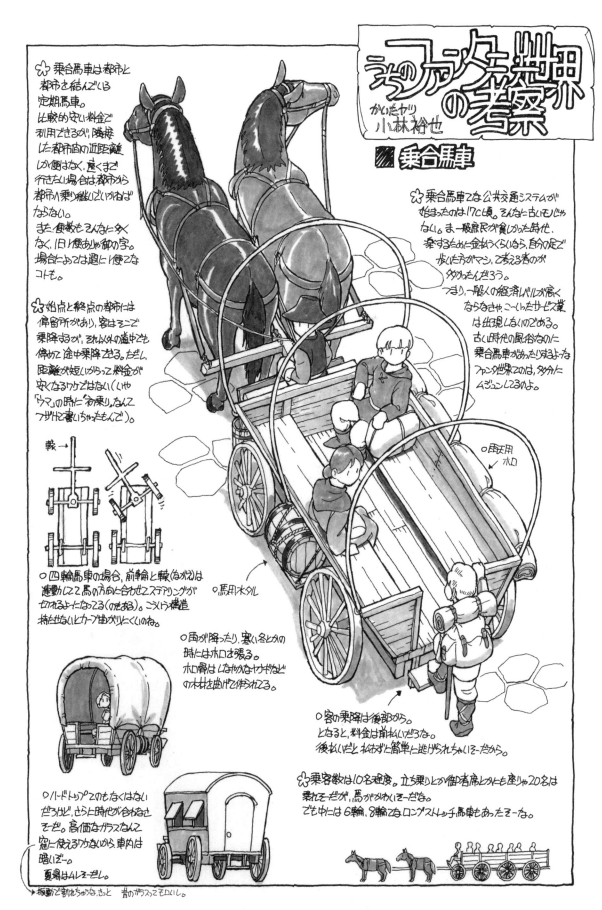

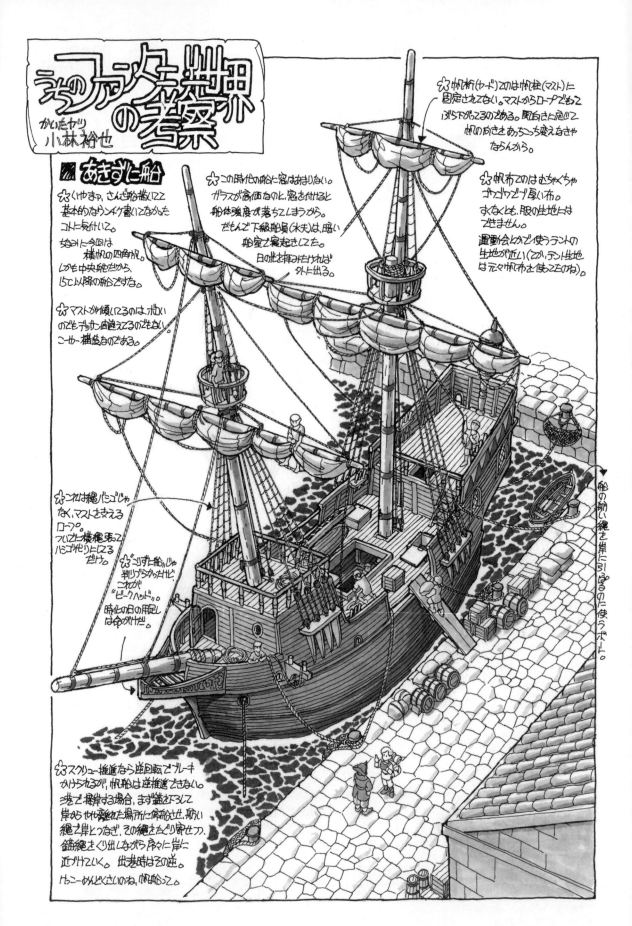

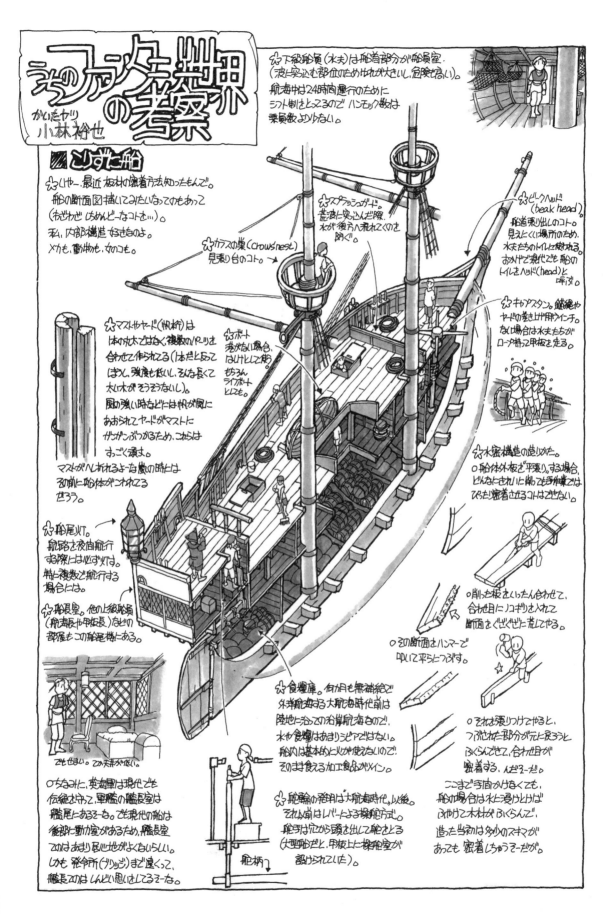

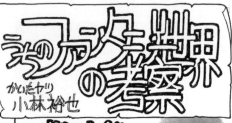

うちのファンタジー世界の考察
かいたヤツ 小林裕也

■難破船

☆ バスコ・ダ・ガマ、バーソロミュー・ディアス、アメリゴ・ベスプッチ、クリストファー・コロンブス、フェルディナンド・マゼラン…未知の海へ航海して名を遺した海の冒険者は数多い。未知の海へ出かけてってそのまま2度と帰ってこなかった名も無き冒険者は、それよりはるかに多いんだろうが。
帆船時代の造船技術や航海技術で高くなったろうから、その成功率ってのはジャンボ宝くじに当たるくらいだったろう (根拠はねーけど)。

☆ 通い慣れてる航路なら海の流れも水深も判ってるし、灯台とかも設置されてるから安全に航海できるだろうが、まったく未知の海域への探険航海となると、そうした情報や設備がまるでないとこっと危険。特に"暗礁"は要注意。海面が荒れてたり夜中だったりすると、どこにあるのか判らないし、あたった瞬間に致命的なダメージくらっちゃうしね…。コロンブスだって乗ってったサンタマリア号座礁で失なってるんだし (もし彼の航海が1度だけだったら、彼も名も無き失敗者の1人だったろうし)。

ボート程度なら簡単に陸に引き上げて修理もできるだろうが、大型の船となるとやっかい。ドックに入れて水から上げないと船底の修理はままならない。

☆ 遭難して南の島の海岸にうち上げられちゃった異国の大型船。こうなると、たとえ船底の損傷を修理できても海に戻せないだろうなー。—てんで地元住民が集まってきて、使える物をあさってる…な図。ロープや帆布はまんま使えるし、きれいに処理された柱材や板材は家を建てるのに重宝しそうだし、積荷なんかも地元民にとってはとても珍しい"お宝"だろうし。夏の日のアリにたかられたトカゲの死骸のごとく、難破船は日ならずして跡形もなくなっちゃうであろう。

☆ 難破船をそのまんま家にしちゃうってのもアリだろうな。普通の家より頑丈そうだし、雨漏りもしなさそうだし。ただし、四方八方木造なんで、船だった時と同様屋内にかまど設置できそうにないな…。座礁で船体傾いたりすると、中で生活してると平衡感覚おかしくなりそう。遊園地のミステリーハウスみたいな。

うちのファンタジー世界の考察
かいたヤツ 小林裕也

■幽霊船（ノン・アンデッド）

☆現代の鉄の船は浮力を失うと後は鉄の塊であるため、沈没地点の直下に沈む。
でも昔の帆船は船体が軽い木な上、エンジンなどの重い機材も載せてないため沈没してもダイレクトに直下に沈まず、海流に流されてはるか離れた所に着底したりする。
だもんでトレジャーハンターは昔の沈没船探しには苦労するハメになる。

☆中には沈没しても船体の木材の浮力や、積み荷の浮力、船内に残った空気とかでオモサとのバランスがとれちゃって海底に着底するコトなく、えんえんと海中を漂い続ける沈没船もあるそな。
船体の一部が海面から顔をのぞかせて漂流する沈没船を、船乗りたちは"幽霊船"と呼び、出会うことを忌み嫌い、恐れた、んだと。

☆ま、陸からはるか離れた洋上で、こんな死を象徴するようなシロモノに出食わしちゃ、迷信深い船乗りじゃなくても気味悪いわな。
単なる沈没船じゃなく、長い間海水に浸ってると木材表面は腐るし、藻や海草や貝やフジツボやらがびっしりこびりついて、ヌルヌル、ベタベタ、ドロドロになっちゃって、さらに不気味な外観になってるろうだ。

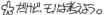
なんか変なコトだね…

☆だけど、モノは考えよう。
大海原のど真ん中って貧栄養水域でプランクトンがいないから魚もほとんどいないけど、こういった漂流物の周辺には魚が集まるものなのね（船体を土台にして藻や海草が生え、木材餌にして甲殻類が棲みつき、それらを食う小魚が集まり、さらにそれを狙って大型魚もやって来る。早い話、"幽霊船"てのは死の象徴ではなく、生の象徴なのである）。
幽霊船に出会ったなら釣り糸たらせばカツオやシイラやカジキが釣れるだろうし、魚が釣れなくても貝やカニを採取できるだろうし、古に船内探せば"お宝"もゲットできるかもだし──冒険者ならやるだろう、きっと。おそらく。多分。

☆でも、船に乗り合わせた冒険者がそれやった場合、迷信深い船乗りたちから白い目で見られるかも…。

いえい！食料とお宝ゲット!!
／ちとマズいふんいきだぞ
ひそひそ ざわざわ…
こういう場合にぴったりの言葉あったよね？
そう！「ミイラ取りがミイラになる」
誰のせいだ 誰のっ!?

○下手すと、船から追い出されたりして…。

○漂流船てのは移動する漁礁。隠れる場所もあれば餌もある。大洋のまん中でも魚たちが生きていける"海のオアシス"なのよ。

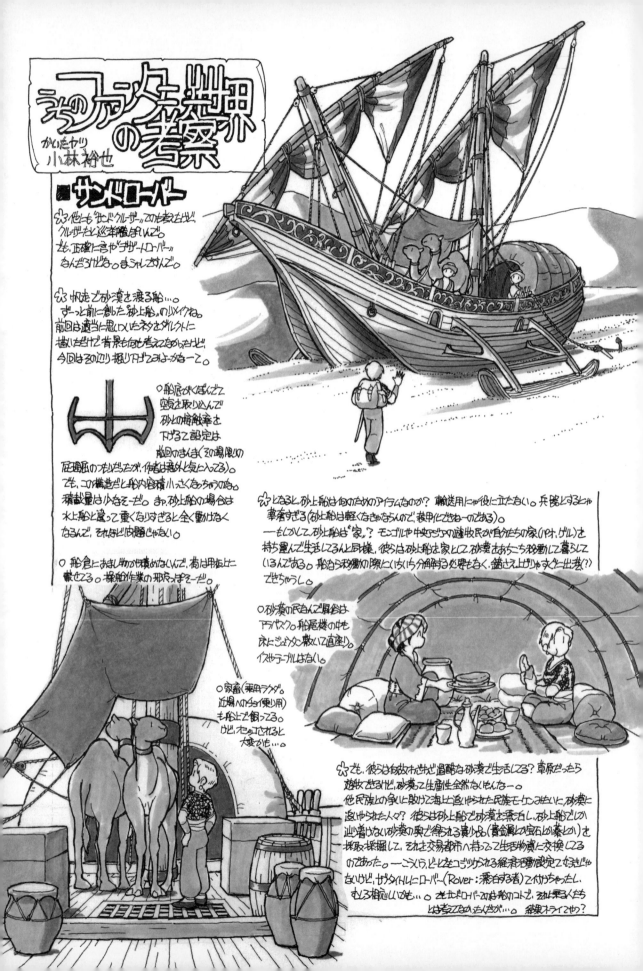

Japanish Fantasy

ジャパニッシュファンタジー

　過去のシリーズ本2冊でも扱ってきたテーマですが、今回は特に古代日本をテーマにした考察が中心となっています。

　特に古代日本の食生活については、いろいろと応用を利かせることができるのではないでしょうか。

　日本は島国ということもあり、世界的に見ても非常に個性的な文化を持っています。(地理的に)いろいろな文化の終着点でもあり、仏教もカレーも日本風にアレンジしてしまう強さがあります。そうした柔軟性を考察してみると、また面白いファンタジー世界を創造できるかもしれません。

うちのファンタジー世界の考察

かいたヤツ 小林裕也

■ジャパニッシュマイス

☆日本神話(風)な世界を舞台にしたTRPGって――売れんかね?

陰陽師で平安時代がブームになり、新選組や坂本竜馬でエド時代(幕末)がブームになり、織田信長や伊達政宗で戦国時代がブームとなったんだから、次にブームになるのは古代の神話時代!! ――と思わね?

でもなー、古代日本を詳しい人、あまりいないのね。パンピーだけじゃなく、プロですら様々な学説をぶち立ててケンカしてるくらいだしの。

なんせ文字のなかった時代なもんで正確なコトがほとんど解らんのね。せいぜい遺跡を発掘して推理するくらい。だが! 詳しく解らんならファンタジーにはうってつけ! 好き勝手に肉付け飾り付けできちゃう世界なんである!

とはいえ、古代社会の知識はと少なからず日本史で習うっしょ"日本神話"ってガッコで教えてくれるのね。戦前の日本なら教えてたのに。基礎を知らなきゃ肉付けも飾り付けもできんから…。歴史で教えるのは無理あるけど、"文学"ってコトで古典辺りで教えてもいーじゃんね? 思春期なモノは抜いちゃってさ。

☆ただねー、日本神話世界って呪いや祭りはあるけど、PC側が使う方法でないのね。古事記の"国譲り神話"でもってタケミカヅチがタケミナカタと決闘する際に両手を氷の剣に変身させる程度。TRPGにするにゃそのまんまじゃ弱いんで、あれこれアレンジしてやらにゃならんかも。

一方で霊力(マナ?)の宿ったアイテムはあるのね。イワレヒコ(神武天皇)が使った、悪霊を祓う霊剣"フツノミタマ"とか、オウス(ヤマトタケル)を守護してくれた"クサナギの剣"とか、ホオリ(山幸彦)の使った"シオミツタマ""シオフルタマ"なんかね(ショップで買うと高そー…ショップ?)。ちなみに、上の絵で主人公が持ってんのは"七支刀"。くしくも霊剣っぽいよね?

◀ジャパニッシュマイスシリーズの主人公ヒロインの神官たち。ここ最近の"ラクエン"に珍しくマトモそーなキャラだよな。ま最初の顔見せくらいはシリアスに決めさせてやるじゃない。

04cの朝鮮半島で製作された剣で、奈良の石上神宮所蔵の物以外にも何本かあるらしい。祭祀用で実用性はない――らしいが、こんなんどやって研ぐねん? どーやって鍛えたのか気になるが。

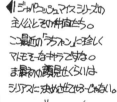
ほら怒られた
/おい!

日本書紀では"七枝刀"(ナナツサヤノタチ)と呼んでる。

あのネ… その値段ってドル? エン? ユーロ?

アガワ米の値段で決まっとるがの

☆古代社会では貨幣経済が未発達で、人々は米・布・塩などを物品貨幣として交換してたい…。
――ってそんなコトより前に、こんな武器ショップあるわけねーよっ!

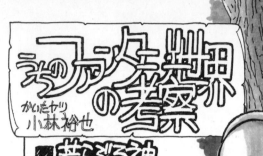

荒ぶる神

☆さて、"走水海(ハシリミズノウミ)"でオトタチバナをごくしながらも何とか対岸の房総半島へ渡るコトのできたヤマトタケルであったが、その先のエピソードってものすごくおざなりなのよ、古事記じゃ。
東関東から東北へ遠征してながら"ことごとく荒ぶるエミシや荒ぶる神を慎圧して"てな調子でわずか1行程度で済まして、あっさりと南関東(足柄)へ戻ってきてんのな。
ヤマトタケルやイズモタケルの殺害、焼津の国造(クニノミヤッコ)の謀略やそれに対する報復などの武勇談は詳しく描写してんのに、どした古事記? そもそも東国の不服従民を征伐するのが目的だったんぢゃないのかよ?
もしかして話しほうが飽きちゃった? それとも ページオーバーしちゃって面白くないとこカットしたとか?
オトタチバナの悲哀談を強調したくってその前のエピソードはあった、てのも考えられるけどね。
でもまヤマトタケルやオトタチバナがどーしたこーしたてのはどーでもいい、今回は。今回のテーマが"荒ぶる神"なんだから。

☆高天原の神を"天つ神"と呼ぶのに対し、彼らがやってくる前から地上で暮らしてた地元の神を"国つ神"と呼んだ。
彼らは、いきなりやってきて服従を要求する侵略者の天つ神に素直に従うハズもなく反抗する。
そんな連中を"荒ぶる神"と呼んで悪者に仕立て上げちゃったのである。ヨーロッパでキリスト教がそれ以前の土着の精霊たちを悪魔にしちゃったんと同じだな。
で、そんな"天つ神"の子孫のヤマトタケルも"国つ神"である伊吹の山の神に祟られて殺されてんだけどな。

○打たれて病になるような"雹"ってこんなんかなーて。

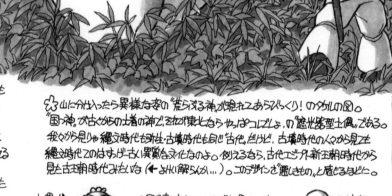

☆山に分け入ったら異様な姿の"荒らぶる神"が現れてあらびっくり! のタケルの図。
"国つ神"が古くからの土着の神、それが東北ならやっぱコレよ、の遮光器型土偶である。
我々から見りゃ縄文時代も弥生時代も同じ"古代"だけど、古墳時代の人々から見りゃ縄文時代のはすげー異質な文化なのよ。例えるなら、古代エジプト新王朝時代から見た古王朝時代みたいな(←よけい解らんか…)。このデザインで"悪しきもの"と感じるほどに。

土偶 ➡  ○同じ素焼き人形でも"土偶"、このは縄文時代の特産品。"埴輪"は古墳時代の産物。土偶は祭祀であり、埴輪は埋葬品である。  ⬅埴輪
もっと写実的なものもあるんだが。

☆"国つ神"、このは土地神、自然精霊のことなんだから、後の世の"オニ"、すなわち"魑魅魍魎"のコトなのね(キリスト教よろしく、仏教によって妖怪になっちゃったのね)。
だったらもっとオドロなデザインでもイーンだけど、すでに諸星大二郎氏の"暗黒神話"や"妖怪ハンターシリーズ"でやられちゃってるしなー。まこころが精一杯、今んとこ。

土偶、このはホントはムクなんだけどね。埴輪は中空。

うちのファンタジー世界の考察
かいたヤツ 小林裕也

■ 古代日本の食生活 ①

☆ 前に稲作文化は弥生時代に日本にやってきた、的なコト書いちゃったけど、縄文時代の遺跡からも炭化したコメが見つかってんのね（東南アジア出身の縄文人の一派"アマ族"が持ち込んだのかもな）。

でも、稲作文化が縄文時代からでも、コメを"飯"にして食べるようになったのは弥生時代後期から古墳時代頃だろう、たぶん。

その根拠が甑（コシキ）の存在。後世の蒸籠（セイロ）・蒸し器の原型であるこの土器は縄文時代にはなかったのである。んじゃコシキの無かった時代にゃどうやって食べた？たぶん、カメで煮て粥（カユ）にして食べてたんだろう。

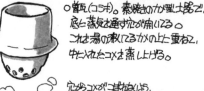
○甑（コシキ）。素焼きのカメ型土器で、底に蒸気を通す穴が開いてる。これを湯の沸いてるカメの上に重ね、中に入れたコメを蒸し上げる。

穴からコメがこぼれないよう、中にワラを敷いてからコメを入れる（コシキワラ、という）。

○蒸し米。昔の飯は蒸したのね（今でも赤飯は蒸してるね）。

☆ 古代日本人がコメを主食としてたのは確実として、んじゃオカズは？海に囲まれた島国だもの、魚介類は食ってただろう。『古事記』にも"諸肉"って職業の者が書かれてるから少しも食べてたらしい（大陸起源のヤマト族なら少々食って当然だろう。その後すたれるが）。ニワトリは時計代わりに飼ってたが食用にはしなかったらしい（ニワトリと同時期の卵は食べてたらしい）。

○養豚業は専ら山地の職種だったらしい。供給量は多くはなかっただろうから、ブタ肉を口にできるのは王族や豪族など身分の高い者たちに限られてただろう。ウシやウマと違って使役に使えないため仏教伝来後は飼われなくなる。

☆ 動物系食材はともかく、植物系食材ってのは調べるのが難しい。日常生活に当たり前すぎるのか、わざわざ文献として書き残すこともあまりなく、資料少ないのよ。特に外来野菜は、いつ頃渡来したのかわからんのが多くて。

◀ 山イモ。これは縄文時代にすでに伝わってたらしい。たぶんイネと同じくアマ族によって持ち込まれたんだろう。古い記録で"イモ"とあるのは、これを指す。カメで煮て食べるか、串に刺して直火で焼いて塩を振って食べたらしい。

☆ 古代の調味料は"塩"がメイン。ショウユはおろかミソもなかった（原料のダイズがまだ伝わってなかったから、ショウユもミソもその醸造物だし）。

塩以外の調味料は"酢"。酢は酒を造る過程でできる（つか、酒造りに失敗するとできる）調味料で、弥生時代にはすでに造られてたらしい。醸造酢以外にも、カンキツ系果実の果汁もよく使ったらしい。

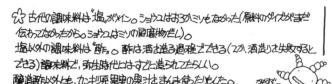
○ショウユが普及するより前は、サシミは酢だけ、もしくは酢と塩を混ぜたモノを調味料として使った。

◀ ナギ（ミズアオイ）。農業を始めたばかりの時代の水田に普通に生えてた雑草。古代人がよく食った食材だったらしく、これを栽培するための専用の水田もあったそうな。葉はゆがいて食べる。

◀ アオナ（カブ）。サイズは程々しかないけど古くに伝わした野菜。"アオナ"の名が示すように、当時のカブは根はあまり大きくなく、主に葉っぱを食べる野菜だったらしい。ダイコンは"オオネ"と呼んでたから最初から根を食べてたみたいね。

◀ ヒル。
現代で"ヒル"ってのの野菜があるようにユリ科の野菜らしい。イマイチはっきりしない。どうも、ヒルやニンニクなどをひっくるめた総称っぽい（ニラも含まれるのを見たら、ニラはニラとして区別されてた）。

○ドラキュラがニンニクを嫌うように、においの強い食べ物は邪除けの効果があると信じられてたらしい。『古事記』で、ヤマトタケルが山で食事をしてたら、ヨカしけた山の神が現れたんだけど、オカズのヒルをぶつけたらぶっ飛んじゃった、って話がある。

☆ 他にもフキ、ワラビ、タケノコ、セリ、ナズナ、ヨメナ、アザミなどがあるが、これらで全部"野草"じゃん。畑で栽培される"野菜"のほとんどは大陸から持ち込まれたモノで、その種類は多くない。畑で育てずとも山野草を採って事足りたんだろう。人口も少なく、自然豊かだったから。

○フキなんて山中の日当たりのいい場所があれば、あのでかい葉っぱで日光独占しちゃって他の植物を追い出して一面フキだらけになる。他の植物にゃ迷惑だろうが、人間にとっちゃ畑作らなくても大量に収穫できるんでありがたいもんである。

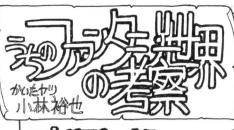

うちのファンタジー世界の考察
かいたヤツ 小林裕也

古代日本の食生活 ②

☆前回で古代の食物を書ききれなかったもんで、その続き。

▶ウリ。Melon 西瓜(中国)
古文書にある"ウリ"とは"マクワウリ"を指す。大陸起源の野菜だが、縄文時代にはすでに栽培されてたようだ(種が出土してる)。
スイカほどバリバリ甘くはないが、スイカがなかった頃はそれでも甘かったんだろう(スイカの渡来は戦国～江戸時代初期)。

▶カキ。Persimmon. Kaki
弥生時代頃に渡来。当時、甘ガキがあったかどうか不明だけど(大陸のカキはシブガキが基本。ジュクジュクに熟さないと食えないとか)。
干し柿とすりつぶしたカキとを食べる。干し柿はすりおろして甘味料としても使った。

▶クリ。Japanese chestnut
ユーラシアあちこちに産するが、ニホングリはヨーロッパグリとも中国グリとも異なる日本特産種。縄文時代頃から野生のシバグリを選抜栽培して作られた品種。その特徴は、大陸のクリに比べて実が巨大なコト。縄文人は主食にもしたらしい。

←こういう提子(ヒサゲ)はもと飛鳥時代のもの。

▶サケ。Sake
蒸したコメを温度、湿度の安定した麹室(コウジむろ)に入れてコウジ菌を植え付け、タル(昔はカメ)の中で発酵熟成させて造る。
昔のサケは沈殿物を漉(こ)し取らないため、白くにごった"ドブロク"だった。

▶イタドリ(うちの田舎じゃ"スイスイボンボ"と呼んだ)。
この島にも古～くからある野草。春、田畑のあぜに太くて長い若茎を伸ばす。皮をむいて生のままかじるもよし、煮物や漬物にするもよし。
"スイバ(スカンポ)"と呼ぶ地方もあるが、スイバとは別の野草(同じタデ科だが)である。
Japanese knotweed
→「節のある雑草」…?

▶アユ。Ayu. Sweetfish
"古事記"で"オキナガタラシヒメ(神功皇后)"がアユを釣って占いをしたことから"鮎"の字が当てられるが、中国語で鮎とはナマズのコト。どこにでもいると思ってる人多いけど、日本を中心とした東アジアにしか生息してない、きわめて珍しいサカナなのよ(棲んでるのは日本、朝鮮半島、中国、台湾。日本以外ではかなり限定的)。
ヨーロッパ人から見ると、ひどくファンタスティックなサカナらしい。

▶モモ。Peach
"気を祓う神聖な植物"として、古代日本では最重要果実だったらしい。古墳時代の遺跡からは大量のモモの種が出土してて、祭祀の際の供え物とされたらしい。ただ当時のモモは甘味より酸味の方が強い小粒な品種だったようだ。

↑昔のモモは生の小さい&酸っぱだった。「桃太郎」に出てくるアレね。

▶マガリ(マガリモチイ)。"マガリモチイ"と聞いたら"モチイ"と発音するらしい。
意外なコトだけど、古代にも"菓子"はあったらしい(少なくとも奈良時代頃には)。
"マガリ"ときてもモチ米粉をこねて色々な形にして油で揚げた"揚げ菓子"だった(甘味がついてたかどうかは知らない)。呪われて病になったヤマトタケルの句、"吾が足は三重のまがりの如くして"の"まがり"はこれのコト、という説もある。意味不明だぜ!

…ミスド?

すげない…!
シャクシャク

◦生で食べる際は酸味が強すぎるため塩をかけてやるとよい。

◦余談。日本じゃ田畑のあぜや野原に普通に生えてるイタドリだが、根から他の植物に有害な物質を出して発芽を阻害し、その間に土地を奪っちゃうって性質を持ってるんだよ。
日本の植物たちはイタドリのこの性質に対する免疫を持ってて、どうってコトないんだけど、免疫のないヨーロッパの植物たちは駆逐されて、イタドリにどんどん土地を奪われてるんだと。
この場合、イタドリを"すごい!"と思うべきか、免疫を獲得した日本の植物たちを"すごい!"と思うべきか…?

えぞのファンタジー世界の考察

かいたヤツ 小林裕也

■ムカデ

☆ジャパネスクなモンスターで、古代日本じゃヘビと並んでメジャーなヤツ。いやーコロッと忘れてたわ。

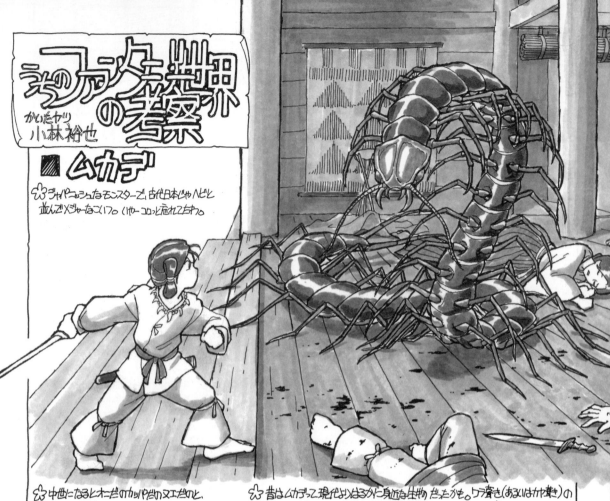

☆中世になるとオニだのカッパだのヌエだのと、オリジナルなデザインのモンスターが増えるけど、古代のモンスターはシンプル。ヘビかムカデをただ巨大化させただけ。

小さくても怖いんだから、デカくなったらもっと怖いだろう的発想である。たぶん。

でも、なぜムカデ？ヘビ(毒ヘビ)なら、かまれりゃ生命にかかわるコトもあるから怖いのも解るけど、ムカデの毒なんてタカが知れてるやん。むしろスズメバチのが怖いと思うぞ。

毒じゃないとすると、あの率？ 古代人は多肢恐怖症だった！…でも、もっと肢の多いヤスデはモンスターにはしてないなー。

☆昔はムカデって現代よりはるかに身近な生物だったかも。ワラ葺き(あるいはカヤ葺き)の屋根って、中身は涼しく通気性はあるし保温性はあるし、虫たちは暮らしやすいだろう。そして、それを捕食するムカデもたくさん棲んでたんじゃないかなー？

昔の家は天井板がなくって天井裏がむき出しだったから、足を踏み外したムカデが頭の上とかにポトポト落ちてくるコトがしょっちゅうだったんだろう。

お、取っ付けたような強烈な後付け設定でヤツだな

今回のテーマに合わせた後付け設定でヤツだな

☆でも、この国のモンスターって、一方で神でもあるんだよな(アニミズム文化の国だから)。ムカデもしかり。古代は山の神や水(ぜにまか沼)の神として祟められたし、江戸時代頃から金の神、商売の神としても祟められたのね("おあしがたくさん"って洒落的縁起かつぎから)。作者も子供の頃、親から「ムカデは殺したらあかんで」と言われたもんだったなー。ほげみ。

ムカデ→肉食。

←ヤスデ 主に植物食。

○ムカデは「百足」っていうけど足はせいぜい40～50本。でもヤスデは200本を超える種もいる。地上、分類は「倍脚」

○ムカデは1節に1対の肢。ヤスデは1節に2対の肢。

あーっ！サイフがないどっか落とした!!

ほら、金の神さん殺すから罰されよった

この時代にサイフどころかお金ってものがありませんで

うちのファンタジー世界の考察
かいたヤツ 小林裕也

■ イノシシ

✣ 古代のこの国じゃ"猛獣"といゃクマでもオオカミでもなく"イノシシ"だった。
"記紀"にはイノシシは登場してんのにクマやオオカミは全然出てこないのね。神武天皇ことイワレヒコの"東征"で彼が熊野の地に上陸した際に、現地の荒ぶる神の化身(?)としてちょっとクマが現れる程度である。
一方でイノシシは、オオクニヌシ(オオナムチ)が兄のヤソガミたちに騙されて"赤イノシシ"に見せかけた焼けた大岩を抱えさせられて殺されるし、ヤマトタケル(オウス)が死の呪いを受けるのは伊吹山の山の神の化身の白イノシシを嘲ったからだし、オキナガタラシヒメ(神功皇后)に反乱を起こした兄のカゴサカはイノシシに襲われ喰い殺されちゃうと、ヒンパンに登場してんのね。

✣ この島の先住民の一部族で縄文文化を築いたアイヌ(エミシ)族にとってクマは最高精霊だったのに、ヤマト族の支配する弥生時代以降になるとクマはどっか行っちゃった。
なぜヤマト族はクマよりもイノシシを重視したのか?

✣ 縄文人は狩猟民族だった。彼らは山に入り、クマと出会う機会も多かった。
しかし弥生人の中心であるヤマト族は農耕民族だった。縄文よりは山へ入ることが少ない彼らはクマと出会う機会が少なかった。
むしろ、里へヒンパンに姿を現し田畑を荒らし回るイノシシがかれらにとっては怖い存在だった。んじゃないかなーと。

✣ イノシシの"シシ"とは本来は"食用肉"のコト。それが転じて、肉の元である"獣"の意味にもなった。
一方、イノシシの"イ"とは"泉"、あるいは"堰(せき)"のコト。
つまり"田畑の水場に現れた獣"の意。

今でもそうだが、イノシシは古代から人里へヒンパンに下りてきて農作物を荒らし、追い払おうとしても逆に向かってくる"猛獣"だったのねー。

✣ "オーガー"の時に書いたけど、草食性がメインの偶蹄目の中でイノシシは雑食性で肉を食っちゃうバイタリティの塊。しかも性質が荒く、人にだって襲いかかってくるのだから"人類以"でも十分にモンスターなんよね。
どこかの"怪物狩り"ゲームのドスなんとゴもまんまイノシシだし。

○インドネシアスラウェシ島固有種のバビルサ。
上アゴの牙が湾曲して鼻の上から飛び出した四本牙イノシシ。
長生きしすぎると伸びた牙が奥に刺さって死んじゃうてな残酷ぽい奥話がある。

藤も逃げか?!

突込んでくるの承知でよけ合ったんですから、どっちかと云えば"当たり屋"ですな

危険はおりませんよミコト

シカやウサは驚かせば逃げるが…

イノシシはそうはいかない。

109

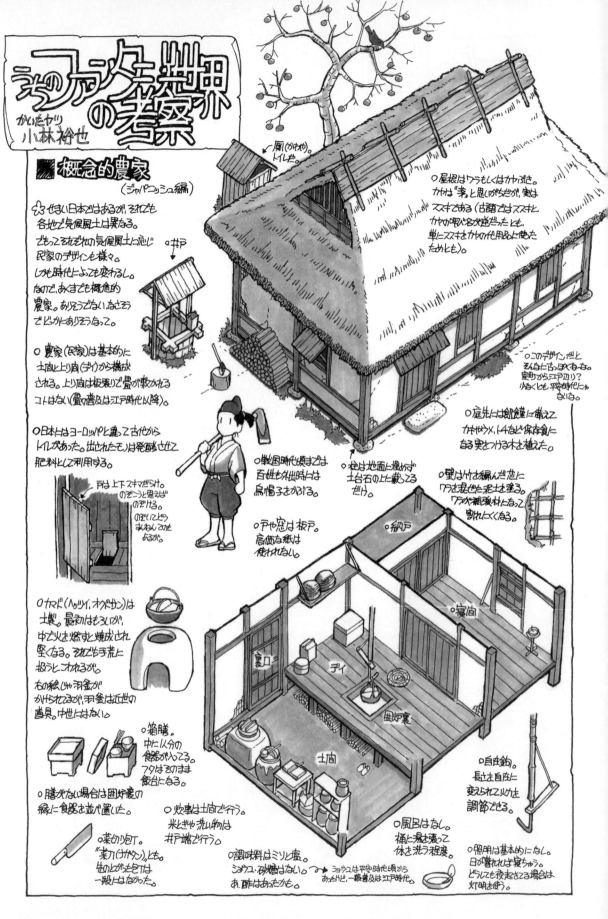

Steam Punk

スチームパンク

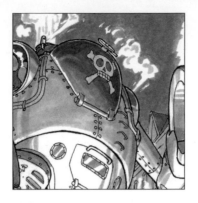

スチームパンクもまた、想像好きな人々を魅了してきました。ピンとこない方は『天空の城ラピュタ』を思い浮かべるといいかと思います。

現代のスマートで効率のいい機械とは違い、蒸気で動く大掛かりで武骨で、一見してガラクタにしか見えない機械が活躍する世界には、それでしか得られない魅力があります。

不便さに浪漫があるからこそ、その不便さをきちんと設定し、その設定を活かした物語を展開したいものです。

ファンタジー世界にマッドサイエンティスト（魔術師）が登場する際も、こうした考察が参考になるでしょう。

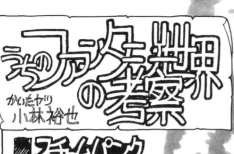

かいたヤツ 小林裕也

■ スチームパンク

☆スチームパンクってのは文明の基盤が電気でなく蒸気エネルギーで成り立ってる世界のコト。たぶん。
電気文明のリアル世界のパロディみたいなもんだから、考えるんは簡単ー！と思ったけど、意外とムズいんだわ、これが。

◎ 蒸気路面鉄道。
名前からすりゃSLぽいけど、これは"電車"のパロディなのでボイラーを搭載したSLではない。
路面に埋設された"蒸気管"から蒸気を供給されてシリンダーを動かしてるのである。
燃料も水も積まなくていいし、かさばるボイラーもないんで小型軽量化できる！と書いてて気づいた。

○ 車体下にあるスチームタンクに一定量溜めておけるので、四六時中外部から補給されてなくても走れる。

○ 走行時に蒸気管のバルブの上を通過すると、自動的に弁が開いて高圧スチームがタンクに供給される。

◎ 蒸気灯。
電灯でもガス灯でもなく、蒸気の高圧エネルギーで発光してるランプ。
原理は聞かないよーに。ファンタジーなんだから。
たぶん"ラピュタブレーン"のパイブレーションジェネレータみたいに御都合主義の発光アイテムがあるんだろう。
ガス灯の明かりだってガスの炎の光じゃなく、ガスの炎でガス灯本体を熱して発光させてんだから、どっちも似たよーなもんだろう。

☆電線やガス管のように、この世界には"蒸気管"が街中に張り巡らされ各家庭に供給されている（途中でエネルギーが減衰しないよう、あるいは触ってヤケドしないよう、管は真空二重構造になってる）って設定だ。

◎ 調理用スチームヒーター。
蒸気は1気圧だと100℃だけど、圧力がかかれば200℃、300℃にも上げられるのね。
炒めものや揚げものもOK。
火が使えない潜水艦のキッチンがモデルである。

○ 蒸気を噴き出させると危険なので、プレートを裏から蒸気で熱して使う。

☆この世界"蒸気コンピュータ"なんてのもあるんだろーな…。
"蒸気通信機"ってのも…。
なんか、ふくらんできたー、蒸気だけに。

113

うちのファンタジー世界の考察
かいたヤツ 小林裕也

■ スチームパンク 続き

☆ この世界では蒸気が電気の代り。だから蒸気が動力だからって、蒸気でタービン回して発電する、てなコトはしない。それやっちゃうとリアル世界のまんまだから。
あくまでも蒸気がメインでなきゃダメなんである。
だもんで、この世界には"家電品"なんてのはない。あるのは"家蒸品"なのよ。

◎蒸気冷蔵庫。
一見ムジュンしてるよーに思えるけど、蒸気でルームクーラーてのが昔あったそーだから、アリだろう。高圧蒸気の気圧を一気に下げることで気化熱を奪い、温度を下げるシステムだそーな（缶スプレーを吹くと缶が冷え冷えになるんと同じ理屈ね）。

◎蒸気コンセントって、ガス栓と変わらんな。

◎スチームヒーター。
わざわざ解説せずともリアル世界にもある（あった）な。まいちばん素直な蒸気の使い方だな。

◎蒸気馬車（蒸気自動車）。
なんでもかんでも蒸気化するコトもないんだけど、これもリアル世界で作られてたし。
ただ、こいつやSLの場合蒸気発生機（外燃エンジン）積んでるから、イマイチ面白くないんだよな。発想的に。蒸気が電気の代用にもなってねーし。

◎蒸気扇風機。
暑そーだ。
で右上の冷蔵庫みたいに動力使用後のスチームで気化冷却すりゃ、ヒンヤリ涼しいかも。

☆昔の大きな建物には壁の中に蒸気管が配管されてて、ボイラー室で沸かしたスチームを各部屋に配分して暖房した。
この世界は、そのシステムが町中に張り巡らされている。
蒸気は発電所ならぬ"発蒸所"で生産されて各家庭に送られる。蒸気生産には石炭や石油といった燃料が要るが、"水素"を燃料に使えば、排気ガスは"水"で、それを蒸気用原料に使い回せばものすごくクリーンエネルギーかも。

◎蒸気コンピュータ。
くやまや、スチームでどうやって演算させるんかが問題ですな。
極初期のコンピュータで使ってた、リレースイッチの代りに"弁"を使って＋、−、を判断させるてのはどう？
となると、その姿はパイプオルガン？
キーボードもオルガンの鍵盤タイプだとレトロっぽくていーかも。

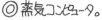

◎蒸気コンピュータ用プログラムディスク。
金属円盤に穴が開いてて、円盤の回転によって蒸気が穴から抜ける抜けないで演算できる。

○蒸気通信機（電話ならぬ"蒸話"）に関しては想像力が及びませんでした。いかにして蒸気で音を伝えるか…。高圧スチームのが低圧空気より音を速く伝達できるとは思うけど…。

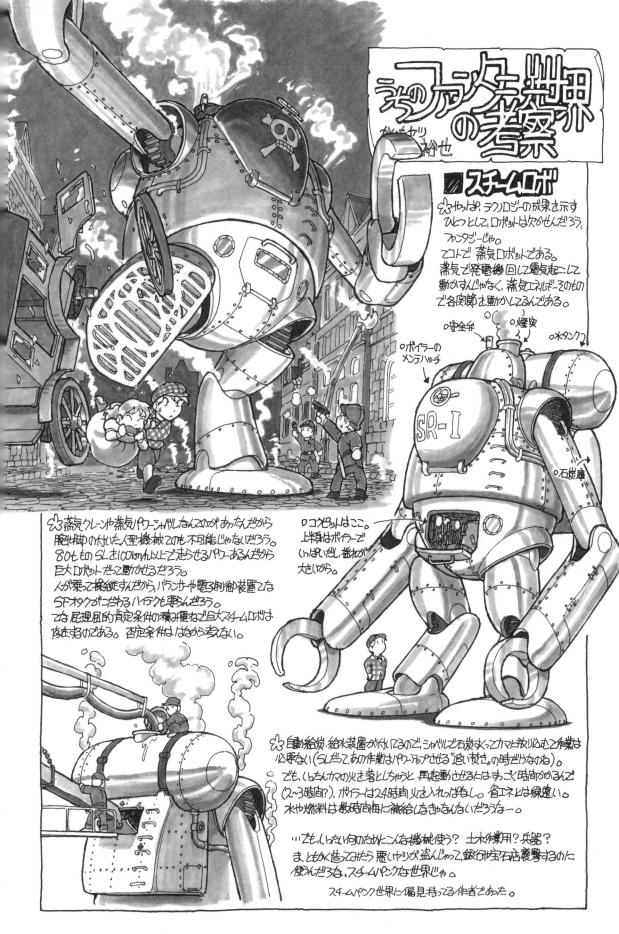

うちのファンタジー世界の考察
かいたヤツ 小林裕也

フラッタープレーン

☆羽ばたき飛行機。要するにオーニソプターである。
以前に"オーニソプター"の名の"風翅(かざばね)"作ってしまったんで、別の名にしたのね。

☆久々のメカである。でも、このシリーズでカッコいいメカが出るワケがない。カッコつけても面白くねーから。
ってワケで、うちのフラッタープレーンは"虫の羽ばたき"式飛行機械である。

○"腹"の部分はスチームタンク。重そうに見えるが、中に入ってるのは高圧気体なのでそんなに重くない(水に戻せば1000ccにも満たない)。
ただし、タンク自体は真空二重構造の上、耐圧強度を持たせなきゃなんないので重くなりそうだ。
自然、この世界オリジナルの"高圧スチームの高温高圧にも耐えられる御都合主義的"とっても丈夫で、しかも軽い素材が使われてるんだろう。

☆この世界はスチームパンクな世界。蒸気エネルギーが文明基盤を支えてる世界。フラッタープレーンもスチームエネルギーで飛んでいる。
ただし、蒸気の圧力でピストンを動かし動力としてるワケではない。それだとすごく効率が悪いから(一般蒸気機関のエネルギー変換効率は10〜20%だから)。
この世界には高圧スチームの中の水分子の活発な運動エネルギーを振動素子の共振させてダイレクトに取り出す"バイブレーションジェネレーター"なる御都合主義な発明品がある。それを使ってスチームエネルギーを"虫の羽ばたき"に変換してるのである。詳しくは訊かないように。ファンタジーなんだから。

○"胸"の部分がバイブレーションジェネレーター。スチーム中の水分子エネルギーは、総量は大きいが個々の量は微々たるもののため、プロペラを高速回転させたり、ゆったりした大きな羽ばたきには不適当。虫の羽ばたきのような小刻みな振動のが向いてるのである——って設定。

○フラッタープレーンは羽ばたきによって揚力と推進力を生み出している。エンストすれば即墜落する(ヘリコプターのように滑空さえできない)。なのにコクピットが危険なムキ出し状態なのは——密閉コクピットではキャラが描けなくてつまんねーからである。
アニメ向きじゃねーな。

○着陸架はスキッド。虫の脚みたいでしょ。

○翅は、これまた御都合主義な高速振動かに耐える"高勒性素材"。ファンタジーなんだし。

○乗降用ステップ

☆翅目の4枚のおかげで、垂直移動中やホバリング、横すべりやバックもできる。異世界におけるヘリコプターなのである。

○スチームタンクの形によってはトンボ型にもなる。さすがにバランス悪そうだが。

○最初にデザインしたのがこの2枚翅のハエ型。でも翅が2枚だと振動大きすぎるだろうなってコトでボツ。

○羽ばたく際、翅が地面に当たらないよう、着陸時はけっこう背が高い。
操縦席への昇り降りはステップを使わないとしんどい。

☆翅目が4枚なのは、交互に羽ばたいて振動を打ち消す目的。でないと、むちゃ揺れると思うぞ羽ばたき飛行機って。乗り物酔いするか空中分解するか。

○フラッタープレーンではない。それ先のとさんの羽ばたき飛行機になりそうだ。

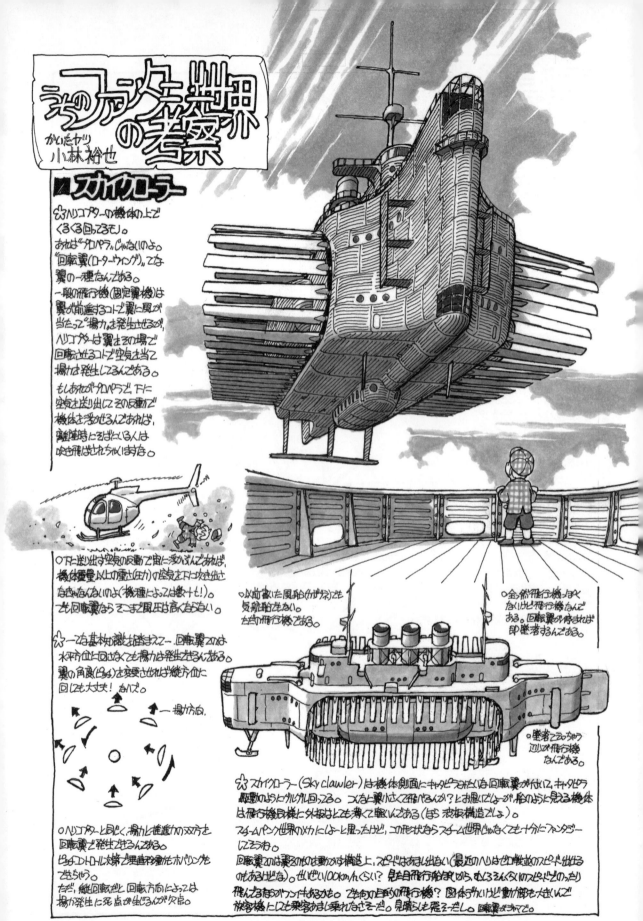

Space Opera

スペースオペラ

　作者の興味は宇宙にも向きます。SF(サイエンス・フィクション)をファンタジーと一緒に論じることに抵抗を感じる方もいるかもしれませんが、多くの方にとってはどちらも幻想世界という意味で、同じように楽しめるのではないでしょうか。

　スペースオペラだけでも、さまざまな原稿が存在しているのですが、紙幅の都合もあり、ここでは6点のみの掲載とさせていただいております。

　ですがSFも非常に奥の深いテーマです。興味を持った方は、ぜひいろいろ想像して魅力的なスペースオペラ世界を構築してみてください。

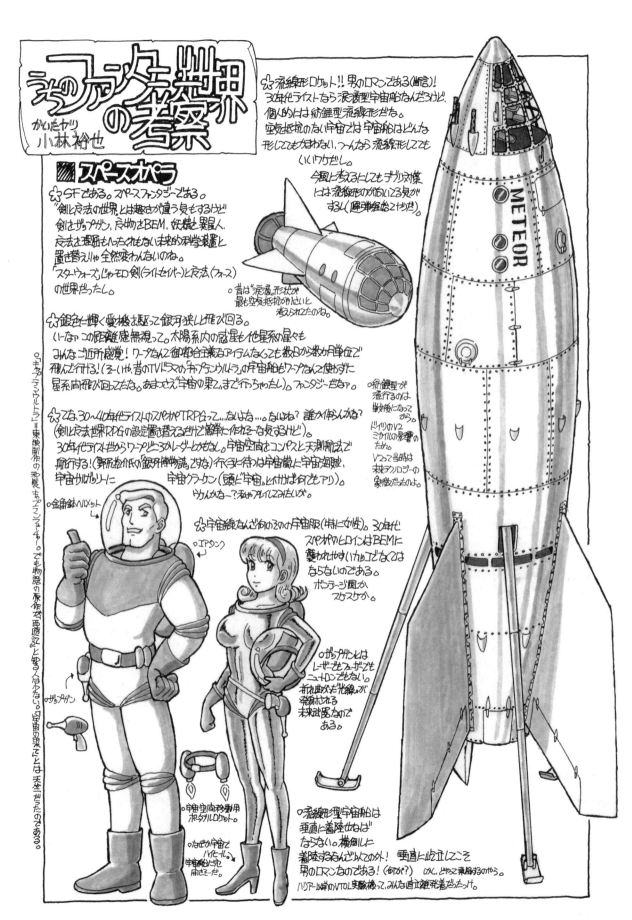

■月

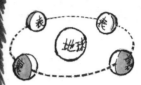

☆月はいつも一方の面(いわゆる"表側")を地球に向けている。これは月が地球の周囲を"公転"する間に自身が"自転"してるからである。

これが単なる偶然だと思ってる人、多いんじゃね?(実は私が長いこと思ってた)ところが! それは偶然なんかじゃなく起こるべくして起こってる現象だったのである! てコトに気がついちゃったワケよ、わし。

☆月ってのは表側より裏側のが地殻が厚い。つまり裏側のが重いのね。

こうした重量バランスのズレた物を円運動させると、遠心力によって重い側が外向にしてしまうのね。
つまり月は裏側を外に向けて公転せざるをえないのであった。判る? 自分でウゴいてコラん? なんで裏側のが地殻が厚いのかって根本的な疑問がまだ残ったりするが。

☆月の公転軌道は地球の公転軌道面(黄道)に対し少しズレている("白道"、と云う)。

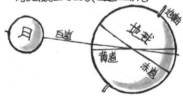

このズレのおかげで月が太陽と重なるコトはめったになく、故に"日食"はとても珍しい天体ショーなのである。
もし月の公転軌道が黄道と同じだったら、日食は30日に一度、新月のたびに起こる、あまりおもしろみのない天体ショーであったことだろう。

☆月は1/6の重力なんで、普通に車輪車ころがして走るより、ジャンプ移動した方が速く移動できるし、エネルギー消費量も少なくて済む——てコトを昔のSFでもさんざん(てほど多くもないか)やったよなー。

○こんなメカで脚をぐぐっと縮めてからピヨーンと伸ばしてジャンプする、のくり返しで移動する(キャプテンスカーレットだったっけ?)。
子供の頃は「かっけー!」と思ってたけど…

☆常識的に考えて、この乗り物ってすげー乗り心地悪いと思うぜ。
重力は小さくても物質の質量自体は変わらないってコトは慣性力もそのままであって、跳びあがり着地時の際の衝撃て…(乗り心地どころか、メカが壊れるな)。
それにジャンプしてから着地地点に障害物あるコトに気がついたらどーすんだ? 放物線軌道変えられるんか? ブツブツ云いながらジャンプメカで移動してるスペオペ編のヒロイン(名前まだない)でせい。

ぞい このメカ、スペオペ味がないよ…。

うちのファンタジー世界の考察

かいたヤツ 小林裕也

アステロイド

☆小惑星のコト（ヒトデのコトでもあるらしい）。火星と木星の間の"小惑星帯"に多くあり、昔は無数の岩塊がゴロゴロ浮かぶ"宇宙の難所"だった。今じゃ100km²内に1～2個浮いてる程度のスカスカの空間になっちゃった（いや、昔からスカスカだったんだが、SFがらみで誇張されてただけど）。

☆なぜ小惑星帯には小惑星が集まってるのか？ ここには元は1個の惑星が存在してて、それが木星の潮汐力で破壊された、てな説がSFだけじゃなく、天文学でも言われてたコトがある。でも、それはありえないのねー。
ラーメンスープに浮いてる油滴をハシでかき回して細かくバラバラにしても、時間がたつと小さな油滴が集まってくっつき合ってやがて元の大きな油滴に戻っちゃうと同様に、破壊された岩塊は互いの重力で集まってきて、結局は元の惑星に戻ってしまうのである。
小惑星のまんま散らばり続けてるなんて無理なんのねー。
つまり、小惑星群は最初から小惑星だった。太陽系に現在の惑星が形成される際、あの軌道上にも惑星ができるはずだったーが、密度がスカスカすぎて（材料が希少なくて）まとまりきれなかったんじゃないかなー？ もちょっと密度が高ければ惑星になってたかもな（いや、もしかすると成長が遅れてるだけかも。ケレス辺りを中心に、この先何億年かかけてまとまっていくのかもな）。

☆リアル世界がどうであれ、ファンタジースペオペな世界じゃ小惑星帯には岩塊が超過密に重力が及ばないのでゴロゴロウカウカ漂ってるんである。
人呼んで"宇宙のサルガッソー"、"宇宙のマラッカ海峡"とか（"宇宙の関門海峡"でもいーけど）。ここを通過するには一流の操船の腕と高機動な性能の宇宙船が要るのであった。いーな、このアナログ感。（ザラザラクな感。
でも、小惑星帯って公転軌道上にドーナツ状に漂ってるんだから、軌道面の上下へ迂回すりゃよけられるんじゃね？ーてコトは考えてはいけない。このテの世界は二次元的な思考なのだから。

☆でもって、"宇宙のサルガッソー"には遭難した船がどこる漂流してるし、隠れ住む障害物もゴロゴロあるしで、"宇宙海賊"なる商売が生まれちゃうんであった（まさにマラッカ海峡ね）。彼らは難破船を漁ったり、ここを通り抜けるために徐行する船を襲撃したり、主人公たち"スペースパトロール"と丁々発止の戦いを繰り広げるのである。スペオペシリーズ8回目にして、よーやく主人公たちの存在意義ができた！

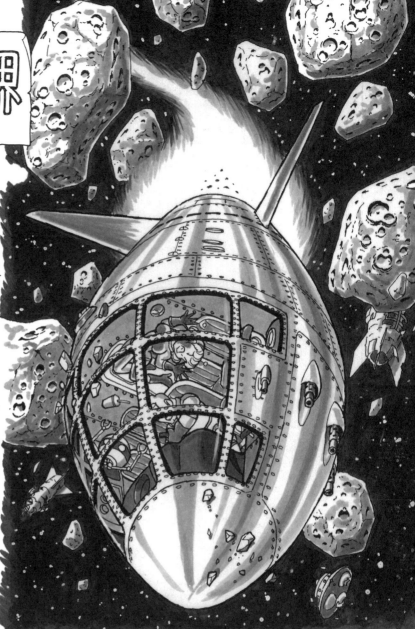

○小惑星改造の宇宙船係留所、及び海賊アジト。

あれ？ こんな風に小惑星掘れるんなら鉱山業やる方が海賊やってるより儲かりそーじゃね？ 超過密に小惑星漂ってんだから鉱石掘り放題じゃん！

次のネタ、決まったわ。

○ケレス：小惑星最大の天体。直径1000km。小惑星ながらちゃんと球形をしてる。

■ ジョー君はどこに落ちたい？

☆科学考証いっさい無視のスペオペどころか、まとう(?)なSFでも、衛星軌道上からポロリ人や物が落下してたりする。
どーもく肉って、高所から放り出されたら物体は落下するモノ、って先入感があるみたいね。

○たとえば、衛星軌道上を巡ってる宇宙船から、地球に向けてボールを投げたとする。

○宇宙船から放たれたボールは地球に向かってある程度は飛んでいくが……。

○実際はボールも宇宙船と同じ速度で周回してるため、その速度のまま軌道が下がると、遠心力が強くなり…。

本来は周回速度が遅くならなきゃ高度を下げるコトはできない。

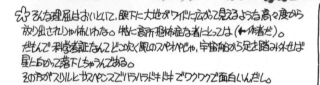

☆んな理屈はおいといて、眼下に大地がワイドに広がって見えるような高々度から放り出されるって怖いわなァ。特に高所恐怖症な者にとっては(←作者だ)。
だもんで、科学考証なんてどこ吹く風のスペオペじゃ、宇宙船から足を踏み外せば真上に向かって落下しちゃうんである。
その方がスリルとサスペンスでハラハラドキドキでワクワクで面白いんだし。

☆ーとなると、"板渡りの刑"なんてのもありそーだ。
せっかく海賊もいるんだし。…"船底落ち"なんてのもあったりして。

○元の軌道高度に戻ってきちゃうんである。
大気とのマサツとかでボールの速度が落ちない限りは。

☆この、ごく当り前な現象をちゃんと描いてるSFって、野尻抱介氏の『ロケットガール』くらいしか読んだコトないんで、私ゃ、くれ、言いきれるほどたくさんSF読んでるワケじゃないが。

うちのファンタジー世界の考察

かいたヤツ 小林裕也

ぞぬ行け!スペースパトロール

☆惑星国家間のヒエラルキーをも左右しかねない機密情報を入手した宇宙海賊は、ついに宇宙海軍を敵に回してしまった。
民間船としては強武装な彼らの船も海軍の軍艦相手ではまるで歯が立たず、情報の奪還と海賊の殲滅を企てる軍に彼らの運命は風前の灯となる。
ところへ割って入ったスペースパトロールは何故か宇宙海賊たちに助太刀し軍と渡りあうのであった!

(はて。ブリッジ。前回ちょこっと書いた "海賊が客船を襲う理由"の続きね。
ここんとこスペースパトロールの影が薄くなってるからテコ入れして (つーか、ここまで全然活躍してねーし)。

☆しかし、ハデに暴れちゃってるよね、公務員が、軍、ひいては国家に刃むけていいのか? 免職モノですな。
たぶん彼らは超国家組織なんだろう。
"国連軍"みたいな (ホントは国連軍じゃないが)。
個々の国家の思惑のほかから勝手できちゃう上に、国家も彼らに一目置いてるんだろう。
ま、民間組織でもいいんだが、それだと国家が一目置いてくれなさそうだし。

☆わらわらと群れなして追ってくる敵は "宇宙海軍制圧部隊"。"海兵隊"との "陸戦隊" ってやね。
軍艦による攻撃だけじゃダメージはちえられても制圧は無理。こうした部隊を乗り込ませて占領することで完全制圧できるんである。
ほら、戦略シミュレーションゲームでも都市に歩兵がはいって "占領" しないと陥落させないでしょ?
とっても、スパオペ物 "○○英雄伝説" にだってオレ持ってこのやつあるし。

○宇宙海軍制圧部隊要員。

○宇宙突撃銃。

○スペースバトルアックス。
エアロックを破るのに使用。
もちろん白兵戦にも使える。

○他 "宇宙銃剣" とか "スペースグレネード" とかも装備してる (頭に "宇宙" とか "スペースなんちゃら" でもアリ)。

防弾・防刃・防ビーム宇宙服。いちおーは。
上の絵じゃー方的にやられてるが。

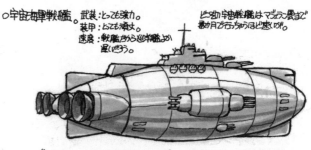

☆で、スパパトと軍艦相手じゃ多勢に無勢だが蟷螂の斧だかで勝ち目なさそーだ。
群がる白兵戦要員 (あ、名前違う) 撃退した後、海賊たち乗船させて、とっととトンズラするんだろう。
その後どういう展開になるかはまだ全然考えてない。ま、気が向いたら続く、ここう。

○宇宙海軍戦艦。 武装: とっても強力。
装甲: とっても頑丈。
速度: 戦艦から巡洋艦より遅いだろう。

ピーグに宇宙戦艦はマジマンガって数か月かけてつくるほど速いの。

ちなみに "戦艦" てのは、自分の主砲で自分を撃っても貫通しない装甲を持つ艦を指す。んだと。

A la carte

アラカルト

アラカルトとは、つまり「a la carte」＝「自由に注文できる一品料理」ということで、ここではジャンルの枠にはまらない多種多様な項目を取りあげています。雑学本である本書の、真骨頂ともいえるパートとなっています。
「ミイラ」や「ゾンビ」は幻想「生物」とジャンルするのに悩むところがありましたので、こちらに収録しております。
「ジャックと豆の木」や「マッチ売りの少女」といった、童話に対する作者の解釈なども、楽しんでいただけたらと思います。

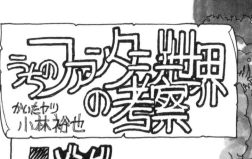

かいたヤツ　小林裕也

■ ゾンビ

☆ 人は"ヒトの形をしてるモノは動く"、てな思いいれがある。一方で"動かないハズのモノが動いちゃうと怖い"、てな心理もある。
故にスケルトンやミイラや人形がモンスターになっちゃう、てなコトは前に書いた (2,3度も)。
でもって今回は同じパターンのゾンビである。

☆ ゾンビとミイラの区分は以前に書いたけど、ゾンビとスケルトンの区分ってなんだろ?
一部に肉のくっついた白骨死体だってあるんじゃね?
何%肉の残ってる死体はゾンビ"で、それ以上は"スケルトン"って境があるんだろうか。なコトを考えはじめるほどアイマイだぜ、こいつらの設定って。
ま、ゾンビ、ミイラ、スケルトンて別々に区分すんじゃなく、ゾンビってのは総称で、その中にミイラ、スケルトンがあると考えたほうがいいかも。

○この場合のゾンビってのは肉体を持ってるアンデッドモンスター全般ってコトね。

☆ 一口にゾンビっつっても、死んですぐのフレッシュな死体からドロドロの腐乱死体まであるだろう。

現代の死の定義は"脳死"である。肉体がまだ生きてる"脳死"死体でもゾンビになるのか?
てか、そーゆーのも"ゾンビ"と呼ぶんか?

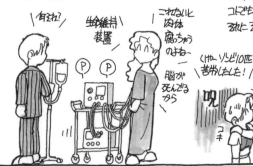

☆ アンデッドなゾンビは殺したって死なない。手足ちょんぎろうが頭ふっ飛ばそーが (ゾンビ映画の中には頭潰すと倒せるのもあるが)。
場合によっちゃ切断された手足が自在に襲ってきたりもする (昔1本こども向けゾンビ映画あったけ)。
るんなら、ミンチにしたゾンビは動くのか? 細かく個々に腐汁とかでも動くんか?
(そのネタ、以前やった!← "ジェリーモンスター"ね)

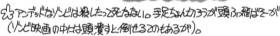

○ソーセージゾンビ　映画"ポルターガイスト"で登場するステーキ肉ってのあったね。

あ、でもゾンビって塩に弱いって設定あったから、ソーセージにした時点で死んじゃう(?)な。

☆ お宝探して地面掘ったら、大量のゾンビ掘り当てちゃったテイで。
ありがちよね、お宝埋めた海賊や盗賊とかが、埋めた場所を秘密にするため、手伝わせた部下たちとかを口封じに殺して一緒に埋めちゃうの。
お宝の上に死体があり、それ以上掘る気失せるだろし、それらがゾンビ化して掘ったヤツに襲いかかってくれりゃモアベター。
でも逆にこりゃ、穴掘ってて死体がたくさん出りゃ、その下にお宝が埋まってるってコトでもあるかな。もしや、死体掘り返してでもきさにお宝を手に入れる根性がある奴かが、それこそお宝ってもんじゃないか試されてるんだぜし。

かいたヤツ 小林裕也

■星読み

☆ "星読み"。星々の運行や"声"を頼りに未来を占う"巫子"のコト。
占う未来は、天候、ヒツジたちの健康、次の土地への移動日など身の周りのコトばかり。
星読みは部族ごとに1人ずついて、彼女たちは星の"声"を聞ける子供たちの中から選ばれ、先代から星読みとしての知識を相伝されて成る。
"声"を聞ける者が現れなかった場合は、他の部族から余ってる"声"を聞ける子供を部族の養子に貰ってくる。しかし、逆に次代星読みに知識を相伝する前に先代が死んでしまうと、次代は独力で星読みの知識を身につけねばならなくなる。
こうした星読みは大抵の場合平凡な星読みになってしまうが、中には伝統の知識に縛らず独自の"体系"を編み出し稀代の大星読みに成る者もいる。

☆ "因果律定法"に欠ぐオリジナルな技法"星読み"。
つっても、できるコトは預言だけだけど。
彼女たちは夜空の目に見える星々全てに名を付け、その動き−特に"神星(遊星)"の運行−をセル把握している。
これだけならただの"占星術"だが、星読みは星々の精霊の"声"を聞くことができ、それにより未来を"見る"ことができるのである。
理屈とかはコネない。たまにはこういうファンタファンタしたのがあってもいーでしょ。

←占い師同様、身近を星読みが看取するのである。

☆ 舞台は中央アジア風世界。全天に輝く星を望むんなら、山や森に遮られない全周囲地平線のほうが相応しいっぽいじゃない？

☆ 星読みの儀式はとりたてて特別なコトはしない。夜中の屋外にただ寝転がって心を無にして星々の"声"を受け入れるだけ。
☆ "声"が丁寧に未来のビジョンを見せてくれるワケではなく、何度何度、時には何日もかけて"声"の中から必要なのと意味選別していく。
夏場ならまだしも、冬の星読みはさぞ辛い。

◯冬の夜に星を読む"星読みのクネンマイア"。
星読みだった母親が次代を決める前に早世したため、彼女をいちばん詳しく見ていた娘に初役が押し付けられた、半人前の星読み。いかにも物語の主人公っぽい設定でしょ？
ま、中央アジアっぽい風俗の絵を描いてみたいだけなんだが…。ドガホーっ！星読みの途中でねるなっ！！

死ぬぞっ！

うちのファンタジー世界の考察
かいたヤツ 小林裕也

■ ジャックと豆の木

家に食べ物のなくなったジャックは、なけなしの家畜のウシを市場に売りに行く――が、市で売られてた"魔法の豆"がたまらなく欲しくなってウシと交換してしまう(こーゆー僕働員いする奴ってよくいるんだよな～)。
当然ながらジャックの母親は彼の愚かなな行為を叱りとばし、豆を捨ててしまう(普通に考えりゃ、食うと思うな。せっかくウシと交換したんだし)。
豆は一夜にして芽を出し、天に届くほどに成長してしまう。
ジャックは豆のツルを登って雲の上に行き、雲の上に住んでた巨人の宝物の"金の卵を生むニワトリ"を盗み出し、追ってきた巨人をツルを使って転落死させ、まんまとニワトリを自分のモノにして幸せに暮らしましたとさ。とっぴんぱらりのぷ。
――って、この話って完全に犯罪じゃん！
住居不法侵入だし、窃盗だし、殺人だしっ!!
そもそも、食い物なくって困ってるんなら、大きく育った豆食えよ！
豆なら実だけでなく葉っぱもツルも食えるんだしよ。
――と、ここまで書いて考える。
"魔法の豆"って何の豆？

ディズニーの『ミッキーと豆の木』じゃ"魔法の豆"はインゲン豆っぽかった。でもインゲン豆ってのは中南米原産であって中世なヨーロッパにはなかったのね（アメリカ人にとってはポークビーンズとかで馴染み深い豆なんだけどな）。
前に中世なヨーロッパの豆はレンズ豆かヒヨコ豆と書いたけど、もっとポピュラーな豆あったわ。
エンドウ豆。グリーンピースね。
『豆の上に寝たお姫さま』の豆もエンドウ豆だったし、ほとんどの昔話に出てくる"豆"ってエンドウ豆みたいね。

あのー、マクラの中にジャラジャラ入ってて眠れないんですけど…

そりゃアズキだべ

○ちなみにアズキ食う民族って日本や中国など東アジアだけなんだと。

お姫さまは日本じゃ眠れないだろうー。

うそのファンタジー世界の考察

かいたヤツ　小林裕也

■ラプンツェル

☆ 魔女の畑のラプンツェル(レタスの一種)を盗んで食べた隣家の奥さんが、その代償に生まれた子を魔女に差し出す。
ラプンツェルと名付けられた子は入口のない高い塔のてっぺんで育てられ、やがて美しい娘に成長する。
ある日、近くを通りかかったある国の王子様が、魔女が塔への出入りに娘の長い髪をロープ代わりに使ってるのを見て、真似して塔へ侵入し、娘とエッチしてしまう(原典ぢゃ)。
それを知った魔女は怒ってラプンツェルを塔から追放し、そうと知らずにやってきた王子様は彼女がいないことにショックを受け、塔から落ちて失明してしまう。
それぞれ放浪する2人は、やがてめぐり逢い結ばれるのであった。
──後半はしょってるけど、このお話のキモはラプンツェルの髪を使って王子が逢瀬に通うとこにあるんでがなわないね。

☆ 昔話なんだから当然とはいえ、このお話ってツッコミ所満載よね。
魔女はなぜラプンツェルを育ててたのか? ラプンツェルが赤んぼの頃は魔女はどうやって塔に出入りしてたのか?
長年かけて育ててきたのに、王子と出来ちゃったと知ったとたんなぜあっさり追放したのか?

もしかすると、魔女は彼女の処女性が目的で結婚を育てきしてたのかも? 儀式のイケニエにでもするつもりか。
だもんで、処女でなくなった彼女は使いもんにならなくなり追い出しちゃったんじゃ? 苦労をフイにされた魔女の気持ち判る気がするなー。
いずれにせよ、エッちなお話であるな、これって。

139

うちのファンタジー世界の考察
かいたヤツ 小林裕也

■マッチ売りの少女

☆意外と勘違いしてる人多いけど、女の子がクリスマスツリーやクリスマスディナーの幻を見るのは大晦日の夜なのね。彼女は数日前のクリスマスイヴに見たものを思い出してるんである。

また、女の子をかわいがってくれたおばあさんは彼女の祖母じゃなく、近所に住んでいた赤の他人なのよ。

さらには女の子が寒い冬の夜にマッチを売り歩くのは、実の親の命令なのね。19cのヨーロッパじゃ義務教育制度も児童保護法もまだなく、子供は親の"道具"、という認識が強かったのね…。当時のコペンハーゲンでは、こうした花を売り歩く貧民層の子供が大勢いて社会問題化してて、アンデルセンはその記事が載った新聞の"マッチ売りの少女"のイラストを見て、あの小説を書いたんだとか（彼自身は直接そうした物売りの子供を見たコトはなかったとか）。

☆当時のマッチは着火剤と燃焼剤がオール一体化した、ザラザラと堅い面から壁でも床でも靴の裏でもこすりつければ着火する"摩擦マッチ"で、裸のまま束ねて売られてた。

○ポケットの中とかでこすれて発火する危険性があり、現在ではほとんど生産されてない、そーな。

○着火剤と燃焼剤を分けた"安全マッチ"は、実は日本の発明品、なんだとか。

○不用意にこすれにくくするのと、湿って着火しなくなるのを防ぐために、頭にロウを薄くコーティングした"ロウマッチ"ってのもあった（作者が子供の頃はまだあったな…）。

☆脳が衰弱すると記憶が錯綜して、ありもしないものが見えたり聞こえたりする。これを"白昼夢（白日夢）"と云う。
女の子は空腹と寒さで低体温症に陥り"白昼夢"を見ちゃったのである。たぶん、おそらく。

☆あ、着火すると、火が燃えてる間、使用者の望むものを幻として出すコトができる魔法のマッチってTRPG的にアリかも…。何に使うかはともかく。

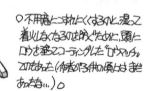

うちのファンタジー世界の考察
かいたヤツ 小林裕也

ダンジョンにて

★ダンジョンでは油断大敵。たとえ相手がウサギであっても警戒を怠らない——って、そもそもなんでダンジョンの中にウサギがいる？ その時点で警戒するわな。
事実、ダンジョンに出没するボーパルバニー(世界観定)は、殺人マムル(これも世界観定)並みに凶悪である。

★油断ならないのはウサギだけに限らない。宝箱に擬態したミミックや、金貨に擬態するクリーピングコインもいる。

ラッキー
金貨ひろい！

○クリーピングコインが金喰いモンスターで、金貨とまちがえてサイフに入れるとひどい目にあう——この面白いんじゃないかと…
(知らないうちに所持金がどんどん減っていく)。

★で、ちょっと考えてみた、ダンジョンモンスター。

なんでダンジョンにバナナが…？

てい
先制攻撃！！

○モンスターなら なんてコトないが、本物のバナナだったりすると…

○カウンターフェイトバナナ。

見るからに怪しい…

ぐしゃ

ずるっ

○見た目バナナそっくり。HPも少なく、これといった技も持ってない。

大ダメージをくらう！

わー、今回中身ねェ！

あとがき

さてさて、『うちファン』3巻目でございます。いやー、マジで肉が空きましたわ。長かった長かった。
何はともあれ、読んで楽しんでくださった方、アクライヴ編集部様、担当のK様、本当にありがとうございます。足向けて寝られーっ3度目だな、このネタ。

肉が空いたおかげで、今回は他に『R&R』で発表されたネタがかなりありますね（それでも半分以上が未発表なんだけど…）。そんな中"スチームパンク編"、"スペースオペラ編"、"ジャパニッシュマイス編"はほとんど未発表のシリーズ。こういうネタも書いてたのよ、ちゃんとBPIO。
その代わりに"サラペコ編"や"スプリングパンク編"がどっかいっちゃった。あまりシリーズ増やすもんじゃないですね。

しかし、前巻の『クラス』の次にどういうタイトルになるんだろ、と興味シンシンでしたが、『おかわり』ですか。作者もびっくり。
そもそも、この作品って作者がてきとーにどんどん作品を書いて、それを編集部がてきとーにピックアップして『R&R』に載せこんでるのね。おかげで毎号何が載るのか本人も知らないという。名付けて"ロシアンルーレットコラム"！！すごいでしょ？
中には絵的に色々問題あって陽の目を見ない作品とかあったりして、作者としてはちと残念。
それらがこの先収録されるかどうかは神のみぞ知る次第（いや、編集部のみぞ知る次第か？）。

で、次回はどんなタイトルになるんでしょ？
（↑次巻出す気満々なやつの）
『さらば』とか『永遠に』とか付くといいのに…そーすりゃさらに続編出そーだし。

乱筆乱心の小林でした。おるまっ。

初　出

幻想生物（動植物系）
キリン	『R&R』Vol.107
グリプトドン	『R&R』Vol.90
カメ	『R&R』Vol.78
コウモリ	『R&R』Vol.105
青い鳥	『R&R』Vol.91
フェニックス	『R&R』Vol.94
サメ	『R&R』Vol.72
ヴィーナス	『R&R』Vol.108

幻想生物（亜人系）
オーガー	『R&R』Vol.96
マーノイド文化考①	『R&R』Vol.71
レピノイド	『R&R』Vol.120
ラミア	『R&R』Vol.81

幻想生物（ドラゴン系）
高機動ワイバーン	『R&R』Vol.95
ファンドリングワイバーン	『R&R』Vol.73
ナイトワイバーン	『R&R』Vol.123
ドラゴンスレイヤーズ	『R&R』Vol.84

自然
風	『R&R』Vol.129
湖	『R&R』Vol.99
森①	『R&R』Vol.80
森②	『R&R』Vol.103
ウマ②	『R&R』Vol.87
ヒツジ	『R&R』Vol.125

文化・生活
徘徊都市	『R&R』Vol.86
橋	『R&R』Vol.83
廃墟	『R&R』Vol.93
道	『R&R』Vol.102
水中遺跡	『R&R』Vol.119
水中ダンジョン	『R&R』Vol.130
野宿	『R&R』Vol.117
野宿（冬）	『R&R』Vol.101
中世な食料事情	『R&R』Vol.113
肉	『R&R』Vol.118
本	『R&R』Vol.88
ゴールド	『R&R』Vol.89
海賊	『R&R』Vol.106

乗り物
あきずに船	『R&R』Vol.115
こりずに船	『R&R』Vol.92
難破船	『R&R』Vol.131

ジャパニッシュファンタジー
古代日本の食生活①	『R&R』Vol.132

スチームパンク
スチームパンク	『R&R』Vol.109

アラカルト
タマゴ	『R&R』Vol.114
ミイラ	『R&R』Vol.74
ゾンビ	『R&R』Vol.79
ダンジョンにて	『R&R』Vol.77

※上記以外はすべて描き下ろし

うちのファンタジー世界の考察 おかわり

2015年11月8日　初版発行

著者　　小林裕也
発行人　宮田一登志
発行所　株式会社 新紀元社
　　　　〒101-0054
　　　　東京都千代田区神田錦町1-7 錦町一丁目ビル2F
　　　　TEL：03-3219-0921　FAX：03-3219-0922
　　　　郵便振替00110-4-27618
　　　　http://www.shinkigensha.co.jp/
印刷所　日経印刷株式会社

本書は著作権上の保護を受けています。本書の一部ないし全部について、株式会社アークライト及び株式会社新紀元社から文書による許諾を得ずに、いかなる方法によっても複写、転用することは禁じられています。

本書はフィクションであり、登場する人物、団体名と、実在する人物、団体とは一切関係ありません。

©2015 小林裕也／アークライト／新紀元社

ISBN978-4-7753-1379-4
Printed in Japan
30-530

乱丁・落丁本は、購入された書店を明記して、小社あてにお送りください。送料小社負担にてお取り替えいたします。

定価はカバーに表示してあります。